시스템경영 해설, 약속과 희망의 메시지

시스템과 시스템적 사고

KI신서 5766

시스템경영 해설, 약속과 희망의 메시지

시스템과 시스템적 사고

1판 1쇄 인쇄 2014년 11월 5일
1판 3쇄 발행 2016년 9월 19일

지은이 이명환
펴낸이 김영곤 **펴낸곳** (주) 북이십일 21세기북스
출판기획팀 신승철 윤경선 김수현 **디자인** 북이십일 디자인팀
영업본부장 안형태 **출판영업팀장** 이경희
출판영업팀 이은혜 권오권
출판마케팅팀 김홍선 최성환 조윤정

출판등록 2000년 5월 6일 제406-2003-061호
주소 (우 10881) 경기도 파주시 회동길 201(문발동)
대표전화 031-955-2100 **팩스** 031-955-2151
이메일 book21@book21.co.kr **홈페이지** www.book21.com
트위터 @21cbook **블로그** b.book21.com **페이스북** facebook.com/21cbooks

시스템경영 해설, 약속과 희망의 메시지

시스템과 시스템적 사고

이명환 지음

21세기북스

나와 같이 모든 일에 모든 사람을 기쁘게 하여,

자신의 유익을 구하지 아니하고, 많은 사람의

유익을 구하여 그들로 구원을 받게 하라.

– 고린도전서 10:33 –

사람이 살아 있다는 것이 일을 하거나, 사건을 처리하거나, 상황을 맞이하여 나름대로 헤쳐 나가고 있음을 의미하는 것이라면, 이런 것을 잘하는 것은 삶을 위해 매우 중요할 것이다. 그러면 지금까지와 같은 단순한 기계적 사고보다는 시대의 흐름에 맞는 시스템적 사고로 유연하게 접근하여 탄력적으로 간결하게 처리하고 행동하는 것이 대단히 중요하다고 할 수 있다.

그런 맥락에서 나는 여러 산업 분야의 직무 경험, 대규모 조직의 관리 경험, 초일류 기업의 벤치마킹 등을 통해 조직 구성원 모두가 스스로 주인의식과 열정을 갖도록 하여 자율경영이 실행되도록 하면, 틀림없이 지속적으로 높은 성과를 창출할 수 있을 것이라는 생각을 하게 되었다.

또한 그렇게 하려면 먼저 시스템적 사고로 경영의 기초인 '사람과 시스템'을 튼튼히 하고, 기본인 '운영 메커니즘'을 성과주의로 효율화하는 것이 지름길임을 깨닫게 되었다. 그리고 이를 쉽게 이해하고 실행할 수 있도록 개념을 정리하여, 시스템경영이라는 방법론으로 경영 현장에 널리 적용하도록 하고 싶었다.

그리하여 시스템경영의 실행을 통해, 조직 구성원 모두가 스스로 강한 주인의식과 뜨거운 열정을 가지고 일에 몰입하여 몸담고 있는 기업이 초일류 기업으로 성장·발전하고 지속가능경영을 실현하도록 하는 것이 나의 진정한 바람[願望]이다. 또한 기업의 실질적 운영 주체인 구성원의 최고 복지 실현과 인간 존중이 나의 영원한 노스탤지어Nostalgia라는 점도 밝혀 두고 싶다.

이런 것을 실현하고 싶은 열망에서 섣부른 필력에도 불구하고 감히 책을 엮어 내기로 마음먹은 점에 대해 깊은 이해와 협조를 부탁드리며 독자 여러분의 많은 질정叱正이 있기를 바란다.

2014년 11월

이명환

/

목차

/

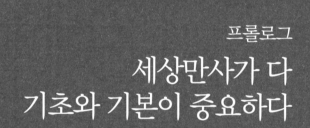

1

프롤로그

세상만사가 다 기초와 기본이 중요하다

행복해지고 싶은가?
직업관부터 정비하라

우리는 무엇을 위해 살고 있는가? 삶의 목적은 무엇인가? 이 질문에 대한 대답을 하든 못하든, 삶의 목적이 있든 없든 그리고 그것이 무엇이든, 단 한 명도 행복하기 싫은 사람은 없을 것이다. 이 세상에서 불행을 좋아할 사람은 아무도 없을 것이기 때문이다. 하지만 '어떻게 행복해질 것인가'라는 질문에는 사람 수만큼이나 다양한 대답이 나올 것이다. 누구는 집을 장만하는 것이, 누구는 승진하는 것이, 누구는 한 달에 한 권의 고전을 정독하는 것이, 또 누구는 1년에 한두 번 해외 여행을 다녀오는 것이 행복이라고 말할 수도 있다.

행복은 그렇게 지극히 주관적이며 개인적인 것이다. 하지만 한 가지 분명한 것은 어느 누구도 자신의 직업에서 기쁨과 즐거움을 찾지 못한다면 행복해지기 힘들다는 것이다.

직업은 우리에게 생업을 제공해 주고, 존재 가치와 자아실현을 위한 터전을 마련해 주며, 사회적 역할을 수행하도록 해 준다. 이 세 가지 기능을 어떻게 인식하고, 어느 것을 더 중요하게 생각하느냐에 따라 각자의 가치관이 달라질 수 있는데 우리는 이것을 직업관職業觀이라고 부른다.

직업관은 국가와 시대에 따라 변천을 거듭해 왔으며 종교와 이즘ism에 따른 영향을 받기도 한 것이 사실이다. 예를 들어 중세 봉건 시대에는 사회적 역할 수행이 강조되었으며, 종교개혁과 프로테스탄티즘의 출현 이후에는 신으로부터 주어진 소명이나 천직의 관념으로 이해되기도 했다. 자본주의 경제가 발달한 오늘날에는 생계유지 수단으로서의 직업관이 우세한 게 현실이다.

직업관은 우리가 왜 직업을 가지고 그것에 매진하며 가치를 두어야 하는지에 대한 생각과 마음가짐이라고 할 수 있다. 말 그대로 직업을 바라보는 견해와 입장이다. 따라서 어떤 직업관을 가지고 있느냐에 따라 직업으로 인한 충족도와 행복도는 달라진다. 행복해지는 직업을 갖기 위해서는 행복해지는 직업관을 가져야 한다. 행복해지는 직업관을 갖기 위해서는 다음의 두 가지가 전제되어야 한다.

첫째, '나는 어떤 사람인가'를 먼저 파악해야 한다. 자신의 성격과 성향 그리고 적성을 정확하게 알아야 직업의 방향을 잡을 수 있기 때문이다. 자신을 알아 가는 것은 직·간접의 경험을 통해 가능하다. 몸으로 부딪쳐 가며 깨닫는 직접 경험도 좋지만, 독서나 인간관계를 통한 간접 경험도 유효하다. 책은 내가 이미 고민했거나 앞으로 해야 할 고민을 담고 있으며, 인간관계는 멘토나 롤 모델을 제시해 주기 때문이다.

둘째, '나는 무슨 일을 좋아하는가'를 알아야 한다. 자신의 성격과 성향 그리고 적성을 파악하고 나면, 무슨 일을 좋아하는지 알 수 있다. 이런 경우 좋아하는 일과 잘하는 일이 동일할 수 있다. 자신이 가장 좋아하고 잘하는 일을 직업으로 삼아, 그것에서 재미를 느끼고 즐거움을 찾는 것은 최고의 직업이자 행복이다. 『논어論語』「옹야편雍也篇」에 이르기를 "아는 것은 좋아하는 것만 못하고, 좋아하는 것은 즐겨 하는 것만 못하다"[1]고 하였다. 사람이 어떠한 일을 좋아하고 그것에 미치게 되면, 마치 놀이나 취미를 즐길 때처럼 엔돌핀과 에너지가 생성되고 만족과 기쁨을 맛볼 수 있기 때문이다. 놀이나 취미는 강제성이 없고 자발적이며 자유롭게 행해진다. 더불어 관심 있는 대상을 감상하고 이해하는 힘은 더욱더 배가시킨다. 뿐만 아니라 성취감을 높이고 능률과 열정을 더 솟게 만든다. 하지만 자신이 좋아하는 일을 직업으로 삼지 못한 경우에는 어떻게 할 것인가? 자신의 직업을 놀이나 취미처럼 하는 것 외에는 달리 방법이 있을 수 없다. 다시 말해 직업을 강제성이 수반되는 '일'로 받아들이지 말고, '놀이'로 인식하며 즐기라는 것이다.

놀이의 본질은 자발적인 행위다. 그러므로 강압적인 명령에 의해 행해지는 '놀이'는 더 이상 놀이가 아니다. 아이들이 노는 모습을 보면 그것을 금방 알 수 있다. 아이들에게는 놀이가 일이고, 일이 곧 놀이다. 아이들은 놀이를 하는 동안 오로지 놀이에만 몰두하고 그것 자체만으로 행복해진다. 그렇게 아이들의 놀이가 '행복한 자유'라면, 어른들에게 놀이는 일상생활이나 일에서 생기는 강박감을 해소하고 기분을 전환시키며 생활의 의욕을 높여 주는 '즐거움'이다. 고통이 따르고 강제성과 통제가 수반되며 스트레스를 달고 살아야 하는 '일'과는 아주 대조적이다.

직업관은 '나는 과연 어떤 사람인가', '내가 좋아하는 일은 무엇인가'를 알아 가는 동안, 자연스럽게 형성되어 간다. 여기서 한 가지 주의할 점이 있다. 만약 이때 직업관이 올바르게 서 있지 않으면, 앞으로 종사해야 할 직업에 대한 열정과 성실성이 현저히 낮아지고, 의무감이나 책임감도 희박해진다는 것이다. 한 개인이 업무를 수행하고 목표를 달성하고 성과를 올리는 데 있어서 기준이 되어야 할 나침반이 존재하지 않기 때문이다.

다시 말해 직업관은 직업을 지탱해 주는 뇌관과 같은 것이다. 불같은 열정의 발화점과 도화선이 되어야 할 직업관이 없다는 것은 뇌관이 없는 포탄과도 같다. 뇌관이 없는 포탄을 포탄이라고 할 수 없듯이, 직업관이 존재하지 않는 직업은 올바른 직업이라고 할 수 없다. 그러므로 직업관이 없는 조직 구성원에게서는 투철한 책임의식이나 더 이상의 발전 가능성을 기대하기 힘들다. 그런 구성원은 자신이 하고 있는 일에 대해 끊임없이 의문과 회의를 품고, 그 일의 당위성만 좇으려고 하기 때문이다. 즐겁지 않고 만족스럽지 않으니 그 일을 계속 해야 할 충분한 조건과 명분을 찾지 못하는 것이다. 그렇게 직업관이 없는 것도 문제지만, 자신을 행복하게 만드는 직장관職場觀이 없는 것도 큰 문제다. 직업관이 스스로에게 부여하는 기준이고 가치관이듯, 행복해지는 직장관 역시 스스로 만족하는 직장을 만듦으로써 얻어지는 것이다.

☞ 타이레놀 독극물 사건

1982년 시카고에서 정신병자가 투입한 독극물이 들어있는 타이레놀을 먹고 8명이 사망한 사건이 생겼다. 35%가 넘던 시장점유율이 7%대로 급락했고, 전세계적으로 타이레놀 불매운동까지 번졌다. 제조사인 존슨 앤드 존슨에 미국 식품의약국(FDA)이 내린 권고는 시카고지역에 유통된 타이레놀의 폐기였다. 그러나 존슨 앤드 존슨은 2억 4천만 달러를 들여 미국에 유통된 모든 타이레놀을 수거·폐기했다. 타이레놀을 한번도 먹어보지 않은 비고객들도 이 회사의 이런 결정에 찬사를 보냈다. 타이레놀이 예전의 자리를 찾는 데는 3년이 채 걸리지 않았다.

---

1 "知之者不如 好之者, 好之者不如 樂之者"는 『논어論語』 「옹야雍也」에 나오는 말로 "아는 것은 좋아하는 것만 못하고, 좋아하는 것은 즐거하는 것만 못하다"는 뜻이다. 사람이 어떤 대상에 대해 가지는 태도에 따라 얻어지는 결과와 경지에 차이가 있다는 말이다.

성공하고 싶다면
직장관을 바로 세워라

직업에 대한 가치관이 직업관이라면, 직장을 바라보는 견해나 입장 혹은 가치관을 직장관이라고 한다. 직업관이 한 개인의 직업에 대한 자세와 마인드라면, 직장관은 직장에서 취해야 할 자세와 마인드는 물론, 조직 구성원으로서 책임과 의무까지 포함하는 개념이다. 다시 말해 개인적인 취향이나 성향보다는 조직의 구성원으로서의 직장관이 더 강조되어야 한다는 것이다.

직장관은 크게 조직의 일반 구성원이 가져야 하는 것과 그 조직의 관리자나 리더가 가져야 하는 것으로 나누어 볼 수 있다.

우선 조직의 일반 구성원은 자신을 믿고 뽑아 준 조직에 대해 최선의 능력을 발휘해 성과를 내야 한다. 조직에서 자신을 선택한 이유는 역량과 성과를 기대하고, 그것을 전제로 이루어진 것이기 때문이다. 조직의 성장·발전과 더불어 힘써야 할 것은 바로 자기 계발이다. 조직에 합류하는 것은 인생의 목적이 아니라 과정이다. 그렇기 때문에 자신의 성장을 위한 노력을 중단해서는 안 된다. 성장하지 않으면 도태되는 것은 조직만이 아니다. 개인도, 조직 구성원도 성장하지 않고 그대로 머물면 뒤쳐지고 도태된다.

　조직의 관리자나 리더가 가져야 하는 직장관은 일반 구성원이 갖는 것과는 좀 다르다. 조직의 관리자나 리더는 자신의 일생을 걸고 입사한 조직 구성원 개개인을 모두 한 가정의 귀한 자식들이요, 형제자매들이며, 앞으로 가정을 이루어 이끌고 갈 책임 있는 부모로 성장해 가는 소중한 존재로 여기고, 잘 키워 줄 책임과 의무가 있다. 구성원에게 무조건 성과를 내라고만 요구할 것이 아니라, 그것을 위해 교육하고 훈련하고 스스로 열심히 일할 수 있도록 도와주어야 한다. 뿐만 아니라 구성원의 역량과 성과를 엄정하고 공정하게 평가해서 그에 걸맞는 보상을 제대로 해 줌으로써, 스스로 강한 주인의식을 가지고 일에 대한 열정을 발산할 수 있도록 유도해야 한다.

　그렇게 하려면 첫째, 먼저 사람 욕심을 내야 한다. 다른 구성원들과 팀워크를 이루어 업무의 성과와 질을 높일 수 있는 우수한 인재^{2}를 확보하는 것을 제1목표로 삼아야 한다. 둘째, 구성원의 교육과 훈련에 사활을 걸어야 한다. 구성원을 혹독하리만큼 잘 가르치고 훈련시키는 것은 회사가 구성원에게 해 줄 수 있는 최고의 선물이다. 셋째, 잘 구축된 제도와 시스템 속에서 물불 가리지 않고 일할 수 있도록 정교한 시스템으로 뒷받침해 주어야 한다. 그렇게 해 줌으로써 남들이 오랜 기간을 통해 익힐 수 있는 노하우와 경험을 짧은 기간에 충분히 체득할 수 있도록 해야 한다. 넷째, 구성원으로 하여금 고성과를 낼 수 있도록 강한 주인의식과 일에 대한 뜨거운 열정을 심어 주어야 한다.

우수한 인재가 정교한 시스템 속에서 교육과 훈련을 제대로 받으면서 잘 양성되면, 회사의 성장·발전은 물론 나아가 구성원 또한 성장·발전의 기틀을 스스로 만들어 갈 수 있다. 그러므로 조직의 리더는 구성원의 능력을 배가시키고 성장·발전시키는 데 총력을 기울여야 한다. 그것은 조직을 성장시킬 수 있는 원동력인 동시에 발전의 모태이고, 미래를 보장해 주는 가장 확실한 재산이기 때문이다.

그러기 위해서는 능력과 자질이 우수하고, 높은 성과를 내는 구성원에게는 그에 상응하는 많은 성과급과 과감한 발탁인사로 보상해 주고, 그렇지 못한 구성원에게는 그보다 덜한 처우를 해 주는 '차별화 전략'이 필요하다. 어린 젖먹이든 혈기 왕성한 청장년이든 노인이든 세 사람이 모두 다 똑같이 나눠 먹는 '불합리한 평등'보다는, 불평등하지만 합리적으로 차별화해서 사리事理에 맞게 나눠 먹는 것이 훨씬 더 공평하고 정의롭다. '잘한 사람에게는 잘한 만큼', '잘못한 사람에게는 잘못한 만큼' 처우를 '합리적으로 차별화'하는 것이 구성원의 주인의식과 일에 대한 열정을 고취시킬 수 있는 최고의 방법이요 가장 공평하고 정의로운 방법이기 때문이다.

이처럼 '합리적인 차별화'야말로 진정한 의미의 공평이라고 할 수 있다. 조선 선조 때의 문신이자 학자였던 고봉高峯 기대승奇大升, 1527~1572 조차도 임금의 공부를 돕는 경연經筵에 참석해 소인들의 득세에 관해 토론하며 했던 다음의 말은, 획일적인 외형적 평등이 얼마나 불합리한 것인가를 잘 드러내 주고 있다.

> 고식적姑息的이고 게으른 사람은 매사에 공평해야 한다고 말한다. 하지만 군자를 후하게 대우하고 소인을 박하게 대우하는 것이 진정으로 공평한 것이다. 만약 군자와 소인을 차별하지 않는다면, 그것이야말로 크게 공평하지 않은 것이다.

물론 겉으로 드러난 외형만 얼핏 보면, 모든 사람을 평등하게 대우하고 차별화하지 않는 것이 공평한 것처럼 보일 수는 있다. 하지만 그것은 어디까지나 겉모습만 그럴듯하게 보일 뿐이다. 그것은 미래를 위해 근본적으로 기초와 기본을 탄탄하게 다져 실속을 채우는 방법이 아니라 속이 텅텅 비어 있는 '빛 좋은 개살구'요, '속 빈 강정'에 지나지 않는다. 이러한 차별화 전략이 비록 구성원 모두를 겉으로 평등하게 만들지는 못하더라도, 이들 모두를 성공으로 이끌어 낼 수 있는 가장 확실하고 실질적인 방법이다. 다만 이때 반드시 유의해야 할 점은 구성원 개개인의 성과도 중요하지만, 그보다는 소속 팀의 성과, 나아가서는 조직 전체의 성과가 더 중요하다는 것이다. 그러므로 조직 위주의 성과주의 운영 시스템을 정착시켜, 구성원 상호 간에 강한 결속력과 조직력의 극대화를 도모하는 것이 무엇보다 중요하다.

☞ 수강생 전원 F학점의 사연

미국 어느 대학교 경제학 교수가 재미있는 실험을 했다. 이 교수는 지금까지 경제학을 가르쳐 오면서 단 한 명에게도 F학점을 줘 본 일이 없었는데, 놀랍게도 이번 학기에 수강생 전원이 F를 받았다고 한다.

학기 초에 학생들은 오바마의 복지정책이 올바른 선택이고, 국민이라면 그 어느 누구도 가난하거나 지나친 부자로 살아서는 안 된다고 했다. 평등한 사회에서는 누구나 다 평등한 부를 누릴 수 있어야 한다고 주장한 것이다. 그러자 교수가 한 가지 제안을 했다. 그렇다면 이번 학기에 이런 실험을 해 보면 어떨까? 수강생 전원이 클래스 평균점수로 똑같은 점수를 받으면 어떻겠냐고. 학생들은 모두 동의를 했고, 그 학기 수업이 진행됐다.

얼마 후 첫 번째 시험을 보았는데, 전체 평균점이 B가 나와서, 학생들은 모두 첫 시험 점수로 B를 받았다. 공부를 열심히 한 학생들은 불평했고, 놀기만 한 학생들은 좋아했다. 그리고 얼마 후 두 번째 시험을 쳤다.

공부를 안 하던 학생들은 계속 안 했고, 이전에 열심히 하던 학생들도 이제는 자기들도 공차를 타고 싶어 시험공부를 덜 했다. 놀랍게도 전체평균은 D 학점이 나왔고, 모든 학생이 이 점수를 받게 되었다.

이번에는 모든 학생들이 학점에 대해 불평했지만, 그래도 공부를 열심히 하려는 학생들은 없었다. 그 결과 다음 세 번째 시험은 모두가 F를 받았으며, 그 후 학기말까지 모든 시험에서 F 학점을 받았다. 학생들은 서로를 비난하고 욕하고 불평했지만, 아무도 남을 위해 더 공부하려고는 하지 않았다.

결국 모든 학생들이 학기말 성적표에 F를 받았다. 그제서야 교수가 말했다.

"이런 종류의 무상복지 정책은 필연적으로 망하게 되어 있다. 사람들은 보상이 크면 노력도 많이 하지만, 열심히 일하는 시민들의 결실을 정부가 빼앗아서 놀고먹는 사람들에게 나누어 준다면 아무도 열심히 일하지 않을 것이다"라고. 이런 상황에서 성공을 위해 일할 사람은 아무도 없을 테니까.

시사점

1. 부자들의 부를 빼앗아 가난한 사람들을 부자가 되게 할 수는 없다.
2. 한 명이 공짜로 혜택을 누리면 다른 한 명은 반드시 보상 없이 일해야 한다.
3. 누군가에게서 빼앗은 것이 아니라면 정부는 그 어떤 것도 가난하고 게으른 사람들에게 줄 수 없다.
4. 부를 분배함으로써 부를 재창출하는 것은 불가능하다.
5. 국민의 절반이 일하지 않아도 나머지 절반이 먹여 살려 줄 거라는 생각은 국가 쇠망의 지름길이다.

---

2   우수한 인재란, ❶학창學窓 시절에는 공부를 잘하는 사람우등생, ❷사회社會에 나와서는 처신을 잘하는 사람멋과 인간미가 있고, 반듯한 사람, ❸직장職場에서는 일을 잘하는 사람역량을 발휘하여 높은 성과를 내는 사람을 의미한다.

만남의 인연을
소중하게 가꿔라

바로 옆자리의 나 주임과 건너편의 이 선임은 어디서나 만날 것 같은 흔한 인상의 동료들이지만, 어쩌다 우연히 만나게 된 동료들이 아니라 실은 숙명적으로 얽힌 '영겁永劫의 인연'이라는 사실을 알고 있는가! 무심코 길을 걸어 가다가 서로를 의식하지 못한 채 우연히 옷깃을 스쳐 지나가는 것도 전생에 '1겁[3]의 인연'이 있어야 한다는데, 하루 중 깨어 있는 시간의 대부분을 보내는 직장에서 가족보다도 오히려 더 자주 만나고, 더 많은 대화를 나누고 일도 함께 하며 더불어 식사도 같이 하는 동료들은 1겁이 아니라 영겁에 가까운 아주 소중하고 각별한 인연이다. 그러므로 알게 모르게 많든 적든 자신의 삶에 영향을 미치는 그들을 지금 이렇게 마주 보고 있다는 사실 자체가 성공으로 나가는 길이라는 사실을 잊어서는 안 된다. 왜냐하면 그러한 인연이 곧 성공으로 인도引導하는 아주 좋은 길이기 때문이다.

우리는 이 세상을 살아가면서 아주 많은 사람을 만나고 인간관계를 형성하지만, 그 만남이 얼마나 소중한지는 잘 모른다. 특히 직장에서의 만남은 더욱 그렇다. 그들은 각별한 인연으로 맺어진 사람들이며, 그 누구보다 나를 잘 알고 있고, 나의 진심을 믿어 줄 수 있는 사람들이며, 동료의식으로 뭉쳐진 사람들이다. 이 세상 어느 누구와의 만남도 모두 최선을 다하고 배려하며 신의를 지켜야 하는 것이지만, 그 중에서도 특히 직장에서의 동료와 상하 간의 만남은 깊고 두터워야 하며, 창조적이고 건설적이어야 하고, 밝고 행복한 만남이어야 한다. 그럼으로써 서로를 인정해 주고 격려하고 배려하며, 직장의 일을 통해 직업인·직장인으로서도 성공할 수 있는 것이다.

이 세상에는 우연한 만남을 비롯하여 여러 종류의 만남이 있겠지만, 그 종류는 대체로 세 가지로 나누어 볼 수 있다.

깊고 두터운 만남이 있는가 하면 얕고 엷은 만남이 있을 수 있고, 창조적이고 건설적인 만남이 있는가 하면 퇴영적이고 파괴적인 만남이 있을 수 있고, 밝고 행복한 만남이 있는가 하면 어둡고 불행한 만남이 있을 수 있다.

첫째, '깊고 두터운 만남'은 춘추전국시대 제나라의 관중管仲과 포숙鮑叔처럼 서로를 진정으로 알아주는 만남이어야 한다. 아주 어릴 때부터 죽마고우였던 관중과 포숙은 성장한 뒤 벼슬길에 올라, 각기 다른 두 공자를 섬기며 본의 아니게 서로의 적이 되는 운명에 놓인다. 소백이 왕위 쟁탈전에서 승리하여 군주 환공桓公이 되어, 형인 공자 규를 죽이고 규의 측근이던 관중까지 죽이려고 하자, 소백의 참모 포숙이 이를 만류하며 진언했다. "관중은 나보다 재능이 월등한 사람입니다. 그러니 제나라를 다스리려면 저로서도 충분하지만, 천하를 다스리려면 관중을 기용하는 게 옳습니다." 소백은 충신이던 포숙의 말에 따라 관중을 등용하고 정사를 맡겨, 후일 춘추 최초의 패자霸者로 군림하게 된다. 포숙이 그렇게 말을 했던 데에는 그들만의 깊고 두터운 신뢰와 우정이 있었다. 젊은 시절 두 사람이 함께 장사를 하러 다닐 때 포숙은 항상 관중의 이득을 더 많이 챙겨주며 그의 가난을 배려해 주었다. 심지어는 관중이 벼슬길에 실패하여 낙담하고 있을 때도 때를 못 만났음을 이해하고 무능하다고 흉보지 않았으며, 전쟁터에서 도망쳐 왔을 때도 늙으신 어머니가 계시기 때문임을 알고 겁쟁이라고 욕하지 않았다. 그런 포숙에게 관중은 후일 대성했을 때 공개 석상에서 "나를 낳아 준 이는 부모지만, 나를 진정으로 알아준 이는 포숙이다"는 말로 고마움을 표시했다.

　둘째, '창조적이고 건설적인 만남'은 혼다 소이치로와 후지사와 다케오처럼 서로에게 창의적인 발상과 에너지를 발산할 수 있도록 힘이 되는 만남이어야 한다. 혼다와 후지사와는 사장과 부사장이라는 직함을 가지고 있었지만, 여느 회사와는 다른 체계로 회사를 경영했다. 사장인 혼다는 기술과 생산 업무에만 주력하고, 후지사와 부사장이 경영 전체를 맡았던 것이다. 혼다는 아예 인감도장을 후지사와에게 맡기고, 모든 재무 권한도 넘겼다. 그렇게 두 사람이 30년 동안 생사고락을 함께 한 '혼다'는 세계적인 자동차 기업으로 성장했다. 엔지니어 출신의 혼다와 경영에 탁월한 능력을 지닌 후지사와의 만남은 서로의 강점이 최대한 발휘되고, 약점이 보완되는 창조적이고 건설적인 만남이었다.

셋째, '밝고 행복한 만남'은 김춘추와 김유신처럼 신의와 헌신으로 노블레스 오블리주를 실천하는 만남이어야 한다. 가야국의 시조 김수로왕의 12대손인 김유신과 신라의 왕위에 오를 수 없는 진골 출신이었던 김춘추는 서로 신의를 가지고 변치 않는 우정을 나누었다. 무술 실력과 지략이 출중한 김유신과 외교력과 정치력이 탁월한 김춘추는 처남·매부 사이로 굳게 협력·결속하여, 김춘추는 태종무열왕에 즉위하게 되고, 김유신은 최고의 관직 태대각간에 올랐다. 결국 두 사람의 만남은 삼국통일의 대업을 이루는 초석이 되었다. 태종무열왕의 뒤를 이은 문무왕 역시 김유신과 깊은 유대감을 가지고, 선왕과 다름없는 믿음을 보이며 "과인에게 경이 있음은 물고기에게 물이 있음과 같소"라는 말로 김유신의 충성에 감사했다. 김유신 또한 죽을 때까지 문무왕에게 충성을 다했으며, 원로로서

처신과 행동거지도 각별했다. 연속되는 출정 중에 가족들이 기다리는 집 앞을 지날 때도 돌아보지도 않고 지나쳤으며, 혹독한 추위 속의 행군에 군사들이 지치자 어깨를 드러낸 채 스스로 대열의 선두에 섰다. 또 아들 원술이 당나라 군과의 전투에서 패배하여 도망해 오자, 왕에게 참수형에 처하라고 건의하고 끝까지 용서하지 않는 등 노블레스 오블리주noblesse oblige를 실행했다. 자만하지 않고, 높은 위치에 있을수록 모범이 되려고 했으며, 그 때문에 강한 나라를 만들 수 있었다.

직장에서 만난 동료나 선후배는 같은 배를 타고 함께 항해하는 숙명적인 사람들이다. 보이지는 않지만 촘촘한 유대의 끈으로 연결되어 있으며, 공통의 의무감과 이해관계를 지닌 한 배 위의 운명 공동체인 것이다. 오죽하면 오피스 스파우즈office spouse라는 신조어까지 생겼을까! 오피스 스파우즈는 조직 내 동료들과 배우자보다 더 밀접한 관계를 유지한다고 해서 생긴 말이다. '사무실의 동반자'나 '업무상의 도반道伴'쯤으로 해석되며, 이성적인 사랑을 느끼지는 않지만 배우자보다 더 친밀한 사이로 시간과 공간을 함께함은 물론 직업관·직장관을 비롯한 가치관을 공유하여 같은 목적을 추구하며 상호 이해하고 협조하는 선의의 경쟁자라는 의미가 내포되어 있다.

그렇기 때문에 서로를 인정하고 신뢰하지 않으면 유대의 끈이 꼬이고, 배는 산으로 간다. 그리고 그렇게 방향이 분명하지 않은 조직은 불안정해지고 문제 투성이가 된다. 우리들 각자의 삶이 성공적인 삶이 되려면 깊고 두텁고, 창조적이고 건설적이며, 밝고 행복한 만남에 더욱 적극적이고 열성적이어야 한다. 인연을 어떻게 맺고 가꾸어 가느냐 하는 것은 우리들 인생을 살아가는 데 필요한 자원을 어떻게 창조해 가느냐 하는 것과 같다. 사람이 곧 자산이고, 인간관계가 바로 성공에 이르는 길이라는 것이다. 성공한 사람들 대부분은 인맥이 두텁다. 그들은 이미 성공하기 전부터 그랬다. 그 인맥이 성공으로 집약되는 것은 하나도 이상한 일이 아니다.

직장에서 성공하고 싶은가? 그렇다면 만남의 인연을 정성 들여 가꾸고 다듬어, 탄탄한 인맥으로 만들어 두어야 한다. 그것이 바른 답이다.

---

3 겁劫은 수數의 단위로서, 히말라야에서 발원하여 인도 대평원을 지나 벵골만에 이르기까지의 1,500여 킬로미터에 이르는 갠지즈 강恒河의 하상河床에 깔려 있는 모래알항하사, 恒河沙 수數에 상당하는 숫자 10^{52}을 나타낸다. 사람이 길을 걸어 가다가 무심코 서로를 의식하지 못한 채, 우연히 옆을 스쳐 지나가는 것도 전생에 '1겁劫의 인연'이 있어야 한다고 한다. 두 사람이 다 같은 인간으로 태어나고, 서로 비슷한 시기에 태어나고, 우연히 스칠 수 있는 정도의 범위 내에서 태어나야, 스쳐 지나갈 확률이 $1/10^{52}$ 즉, '1겁'에 해당된다는 것이다.

자신의
참된 주인이 돼라

"당신의 정신은 우주의 위대하고 경이로운 창조물이다."

세계적인 물리학자이자 수학자이며 미래학자인 프리먼 다이슨Free-man J. Dyson[4]이 한 말이다. 정신이 위대하고 경이로운 창조물이라면, 그것을 지배하고 통제해서 자신의 운명을 결정하는 것은 더 위대하고 경이로운 것이다. 자신이 소유한 감정·성향·열정·느낌·태도 등을 자신이 이루고자 하는 목적을 위해 자유롭게 활용할 수 있는 사람은 오로지 자신뿐이다. 물론 자기가 자신의 진정한 주인이 되었을 때 가능한 일이다. 만약 그렇지 않은 경우라면 결과는 달라진다.

마음가짐에 따라서는 얼마든지 결과가 달라진다는 동공이곡同工異曲[5]이라는 말이 있다. 한유韓愈의「진학해進學解」에 나오는 말인데, 똑같은 재료와 똑같은 공정으로 처리해도 그것을 다루는 사람의 자세와 기교에 따라 결과가 달라진다는 뜻이다.

조직 안에서도 마찬가지다. 똑같은 업무와 똑같은 시간이 주어지는데도 어떤 구성원이 하느냐에 따라 결과와 성과는 다르게 나온다. 그러니 상사 입장에서는 이왕이면 일 잘하는 부하 직원이 더 미덥고 예뻐 보일 수밖에 없다. 까닭 없이 부하 직원이 미울 때, 그것은 까닭이 없는 게 아니다. 미진한 성과가 차곡차곡 쌓여 미움으로 싹튼 것일 테니 말이다.

조직 구성원에게 있어서 성과와 결과물의 의미는 학생의 성적표에 비유될 수 있다. 학생이 어떤 마음가짐과 가치관으로 공부에 임하느냐에 따라 성적이 좌우되듯이, 조직 구성원이 어떤 직업관과 직장관으로 업무에 임하느냐에 따라 그 결과와 성과의 등급이 달라진다. 똑같은 시간에 똑같은 내용으로 똑같은 업무를 처리해도 누구는 상사가 만족할 만한 성과와 결과물을 내놓는 반면 누구는 그렇지 못하다. 두 구성원의 극명한 차이점은 자신에 대한 강한 주체성과 자기 존엄성, 가치 창출에 대한 마인드의 유무다.

회사에 입사해 구성원의 일원이 되고 팀을 이루어 업무 성과를 쌓아 가는 일은 회사의 목적을 성취해 가는 일이기도 하지만, 구성원 개인이 목표한 바를 완성해 가는 인생의 과정이기도 하다. 오로지 그 회사에 입사하는 것이 자신의 목표이자 자아성취의 마지막 단계라면 모르겠지만, 그것이 아니라면 업무 성과를 인정받아 급여도 많이 받고 승진도 해야 한다. 이른바 출세出世가 목표이어야 한다는 것이다. 출세는 말 그대로 '세상에 나오게 된다'는 말이다. 존재가 도드라져 세상이 주목하고 기대한다는 뜻이다.

고전적 의미에서의 출세가 수기치인修己治人이나 지행합일知行合一을 강조한 것이라면, 현대적 의미에서의 그것은 사회적으로 높은 지위에 오르거나 전문가적 일가견을 이루어 성공하는 것을 일컫는다. 그리고 좀 더 넓은 의미로는 해당 분야에서뿐만 아니라 그 이상의 영역으로 영향력을 확대하고 자기 정체성identity을 확장해 나가는 것으로 해석된다. 그럼 조직의 구성원이 출세한다는 것은 무엇을 의미하는 것일까? 그것은 전공 분야에서 전문가적인 일가견을 이루고 능력과 자질 및 성과를 인정받아, 당해 조직뿐만 아니라 인접 조직으로까지 영향력을 넓힐 수 있는 상당한 위치에 오르는 것이 아니겠는가? 그러면 어떻게 해야 하는가?

첫째, 강한 주체성을 가져야 한다. 주체성은 내가 '나'의 삶의 참된 주체가 되고, 스스로의 결정권을 가진 참다운 주인이 되는 것이다. 다시 말해 무슨 일을 하든 자신의 자유의지free will와 생각대로 사고하고 행동하는 것이다. 그래서 이 말은 자기 정체성·자아의식과도 일맥상통한다.

주체성이 강한 사람은 소신과 신념이 강해 자신의 의견을 소신껏

피력하고 자신의 일에 자부심을 가지며 당당하게 행동하기 때문에, 아부를 하거나 불필요하게 남의 눈치를 보지 않는다. 설령 전혀 본의 아니게 주위 사람들에게 모욕감과 굴욕감을 주게 되는 한이 있더라도 끝까지 진실을 말한다.

그런 주체성을 갖기 위해서는 무엇보다 자신의 일을 사랑하고, 그 일의 참된 주인이 되어야 한다. 그렇지 않으면 끊임없이 남이 시키는 일만 하게 되며, 그것의 노예가 되고 만다. 주인이 되느냐, 노예가 되느냐 하는 문제는 강한 주체성이 있느냐 없느냐에 달려 있다.

둘째, 자기 존엄성[6]이 있어야 한다. 자신의 행동을 스스로 결정할 수 있는 품위와 자유의지와 능력이 자기 존엄성의 근본 바탕이다. 인간은 누구나 자신의 의지와 생각대로 상황에 대해 판단하고 결정을 할 수 있어야 한다. 자신의 자유의지와 판단에 따라 스스로 결정하고, 자신의 능력을 감안해서 자기 행동의 참된 주인이 되는 것이 바로 자기 결정권이다. 이러한 자기 결정권은 주체성의 본질임과 동시에 자기 존엄성을 지키는 필수 조건이다.

제2차 세계대전 중 독일군이 유대인을 학살할 때 가장 힘들었던 이유는 바로 양심 때문이었다고 한다. 독일군은 무고한 인간을 살상한다는 양심의 가책을 피하기 위해 3만 명이 넘는 수용소에 화장실을 단 한 개만 만들었다. 할 수 없이 유대인들은 아무 데나 배설을 했고, 그런 모습을 보며 짐승을 연상하고 나서야 독일군은 양심의 가책을 덜어 낼 수 있었다는 것이다. 독일군은 유대인이 인간이

기를 포기하고 짐승처럼 보이기를 원했다. 짐승은 쉽게 죽일 수 있었지만, 인간은 그럴 수 없었기 때문이다. 하지만 그런 와중에도 유대인들은 자신들의 존엄성을 잃지 않기 위해 노력했다. 매일 새벽 네 시 반이 되면 수용된 유대인들에게 물 한 잔이 제공되었는데, 그들은 그 물을 사용해 세수를 하고 옷 조각을 적셔 이를 닦았다. 언제 어느 순간에 죽더라도 인간다움을 잃지 않겠다는 존엄에 대한 몸부림이었다. 독일군에게 가장 무서운 항거는 유대인들의 자기 존엄성이었다. 수용소의 생존자들은 희망 때문이 아니라, 희망보다 더 강한 존엄성을 포기하지 않으려는 삶에 대한 진지한 자세 때문에 살아남을 수 있었다.

이와 같이 자기 존엄성은 자신을 존중하고 타인으로부터도 인정받을 수 있는 품위를 말하며, 자기 스스로 책임을 지는 방식이다. 그러므로 자기 존엄성이 높은 구성원은 자신의 일에 최선을 다하고, 그것이 잘못되었을 때도 당당하게 인정하며 개선하고 수정하는 것을 굴욕스러워 하지 않는다. 하지만 자기 존엄성이 낮은 구성원은 스스로 정한 기준대로 사는 것보다 남이 정한 기준에 맞추어 살고 그들의 눈치를 본다. 그러다 보면 자아성취도와 만족도가 낮을 수밖에 없고 주관이 없는 행동을 하거나 이기적이 되어 사리私利를 도모하며 부정이나 비리를 저지르기도 한다.

셋째, 일이관지一以貫之[7]하는 자세를 지녀야 한다. 일이관지는 공자의 마음가짐으로써, 제자와의 대화 중 "너는 내가 공부를 많이 해서 다 알고 있는 줄 아느냐? 그렇지 않다. 하나로 꿰어 있을 뿐이다"
라고 했던 말에서 연유되었다. 즉, 자신의 역할의 본질을 알고 그것
의 완성을 위해 일관하는 자세를 일컬은 것이다. 일이관지는 생각
이나 사상과 행동이 하나로 꿰어一貫 있어, 진리에 따라 처음부터 끝
까지 같은 마음을 가지고 그대로 행하는 것을 의미한다. 이는 직업
에 관계없이 일생의 삶에 대한 올바른 자세이기도 하지만, 직업 수
행과 직무 수행에 대한 효과적인 가치관의 준거가 되기도 한다. 아
무리 복잡한 형태의 일이라도 본질을 하나로 꿰뚫어 보고, 문제를
단순화하여 최적의 해법을 쉽게 찾도록 하는 능력을 강력하게 뒷받
침해 주기 때문이다.

주체성의 필요충분조건은 자기 존엄성이다. 그러므로 주체성과 자
기 존엄성이 강한 사람은 자신의 일에 대한 만족도가 높으며, 따라서
그로 인한 성과도 높게 나타난다. 그러한 과정과 결과에는 기본적으
로 일이관지하는 자세가 밑바탕에 있다. 다시 말해 주체성과 자기 존
엄성을 가지고 한결같이 일이관지하는 사람은 급격하게 변화하는 환
경이나 충격에도 불구하고 끊임없는 자기 변신을 통해 유연성과 탄력
성을 확보하고 자기의 강점과 장점을 강화하여 기필코 성공에 이를
수 있다. 그것이 바로 진정한 출세라고 할 수 있는 것이다.

진정한 출세를 하는 사람들은 자신의 본질적인 가치를 높이며,
시대 조류에 맞추어 세계화와 정보화 마인드를 가지고 새로운 지식
의 창조와 활용과 확산에 기여한다. 결국 그들의 공통점은 가치 창

출에 기여하는 실천적 지성인이라는 것이다. 그래서 보다 궁극적이고 바람직한 출세는 '프로네시스phronesis[8]를 함양하는 것'이라는 정의가 성립하는 것이다. 프로네시스는 실천적 지혜를 뜻한다. 단순한 지식이 아니라, 어떻게 하면 정말 행복해질 수 있는지 판단하고, 그것을 목표로 실천하는 능력이다. 삶에 대한 실천적 지식과 지혜 즉, 프로네시스를 함양하여 바람직한 출세를 한 좋은 예 중 하나로 마더 테레사 수녀를 들 수 있다. 그녀는 "행복은 다른 사람들 위에 올라섬으로써 얻어지는 게 아니라, 주위를 돌아보며 함께 나눌 때 찾아오는 것"임을 몸소 실천한 지성인이었다. 고아와 빈민의 어머니로 불리며 평생 맨발로 살면서도, "존경받고, 찬양받고, 인정받고, 명예로워지고, 인기를 끌려는 욕망으로부터 자유롭게 하소서"라고 기도하며 끊임없이 겸손해지려고 노력했다.

결국 출세라는 것도 행복이라는 목표를 위한 하나의 카테고리다. 그런 맥락에서 보면 '출세 = 행복'이라는 공식을 성립시키는 사람이야말로 정말 성공한 사람이라고 할 수 있다. 하지만 안타깝게도 출세한 사람들 모두가 다 그리 행복 지수가 높은 것은 아니다. 그 이유는 성취한 목표나 위치가 오직 자신의 피나는 노력과 힘에 의해 이루어진 것이라고 생각하기 때문이다. 그래서 그들은 다른 사람들에게 감사하거나 고마워할 줄 모른다. 그것이 바로 그들의 행복 지수를 떨어뜨리는 주된 원인이다. 이 세상에 존재하는 부와 권력과 명예는 단 한 사람의 노력과 힘만으로 이루어지는 것이 아니다. 누군가의 희생과 도움과 배려 없이는 결코 이루어지지 않는다.

조직 내에서 출세하는 것이 단순히 누구 위에 올라서고, 나 한 사람만의 부귀와 명예와 권력을 차지하기 위함이라면, 그것으로 인한 행복과 만족은 요원해질 수밖에 없다. 출세는 말 그대로 세상에 나오는 것이고, 존재가 도드라져 사람들이 주목하고 기대하는 것이다. 조직의 빛이 되고 그 영향력과 확장된 정체성으로 다른 구성원의 본보기가 되고 롤 모델이 되어야 하며 기쁨이 되어야 한다는 이야기다. 자기밖에 모르는 이기적이고 배타적인 출세를 추구한다면 그것을 기대하고 주목할 사람은 단 한 명도 없을 것이다. 출세는 사람들의 우러름을 받으며 세상에 나오는 것이지, 사람들의 고마움을 무시한 채 세상에 홀로 서는 것이 아니기 때문이다.

---

4 프리먼 다이슨은 1923년 12월 영국 출생으로, 미국으로 이주해 세계적인 물리학자이자 수학자, 그리고 미래학자로 과학의 현재를 설명하면서 미래가 어떻게 펼쳐질 것인가를 상상하는 탁월한 능력을 발휘했다. 진화를 거친 인간의 새로운 종, 인류의 이주를 통한 우주 식민지 건설을 비롯하여 외계 문명의 가능성에 관한 독특한 이론을 내세웠고, 과학 기술의 급격한 발전이 인류와 지구에 미치는 영향을 파헤치는 일에 주력했다. 다방면의 호기심, 창조적 열정, 자유로운 사고를 겸비한 성찰적 과학철학자로서의 면모를 보이며, 대중에게 과학을 말하는 방법을 아는 선천적인 이야기꾼으로서 남다른 역할을 했다는 평가를 받았다. 저서 『상상하는 세계Imagined Worlds』(1997)에서 과학의 진보가 그에 버금가는 윤리적 진보를 동반하지 않는다면 인류는 커다란 혼란과 불행에 부딪칠 것이라고 경고했으며, 『태양, 지놈, 그리고 인터넷The Sun, the Genome and the Internet』(1999)에서는 기술 만능주의로 치닫는 현 사회에 대한 성찰과 미래 예측을 담았다. 과학 분야의 저술에 대한 공로로 루이스 토마스 상을 받았고, 과학과 종교의 관계에 대한 연구를 인정받아 템플턴 상을 받았다.

5 동공이곡同工異曲은 중당中唐의 대문호 한유韓愈의 「진학해進學解」에 나오는 말로 국자사문 박사國子四門博士 한유는 아침 일찍이 대학에 나가 학생들에게 훈계했다. 설령 세상에서 벼슬 자리를 얻지 못하더라도 관직의 불공평을 말하는 것은 좋지 않으며, 자신의 학업을 닦지 못한 부족함을 스스로 책망하고, 한층 노력하는 일이 중요하다고 말했다. 그러

자 한 학생이 웃으면서 헐뜯어 말했다. "선생님은 모든 학문을 닦으시고 글을 지으셔도 옛날의 대 문장가에 필적하며 사생활에 있어서는 친구 분들의 도움이 없고 인격에서도 아무런 부족함이 없으신 데도, 공적으로는 사람들에게 신임을 받지 못하시고 자칫하면 죄를 몸에 받는 형편이니, 언젠가는 파멸을 초래하여 아들은 추위에 떨고 아내는 굶주림에 울고 선생님은 머리가 벗겨지고 이가 빠져 죽음에 이를 것입니다. 그런데도 왜 저희들에게 처세의 도리를 설명하십니까?" 한유는 대답해 말했다. "공자孔子나 맹자孟子께서도 다 세상에 받아들여지지 않았고 불행한 생애를 보냈다. 나 같은 사람은 이와 같은 대성인에 비교하면 아무런 인물도 아니다. 그런데도 벼슬을 살아 녹봉을 받고 아내와 아들들을 안온하게 부양하며 몸은 벌을 받는 일도 없이 이렇게 편안하게 살고 있다. 그러므로 사람들로부터 헐뜯음을 받고 악한 이름을 받는 것도 이상할 것이 없으며 박사라는 한가한 벼슬에 붙어 있는 것만도 과분한 일이라고 할 수 있다." 한유가 죽은 뒤에도 그의 학문은 크게 행해져, 학자들은 그를 태산·북두泰斗, 어떤 분야에서 가장 권위 있는 사람의 유래와 같이 숭앙했다.

6   자신의 행동을 스스로 결정할 수 있는 품위와 자유의지와 능력이 자기 존엄성self esteem·dignity·sanctity의 근본 바탕이며, 인간은 누구나 자신의 의지와 생각대로 상황에 대한 결정을 할 수 있어야 한다는 것이다. 자신의 자유의지free will와 판단에 따라 스스로 결정하고, 자신의 능력을 감안해서 자기 행동의 참된 주인이 되는 것이 바로 자기 결정권이며, 이러한 자기 결정권이 주체성의 본질이요, 자기 존엄성을 지키는 필수 조건이라는 것이다.

7   공자가 『논어論語』의 「위령공편衛靈公篇」과 「이인편里仁篇」에 언급한 내용이다.

「위령공편」에서 공자가 말하길 "사賜야, 너는 내가 많이 배워서 그것을 모두 기억하는 줄로 아느냐?" 자공이 대답하기를 "그렇습니다. 아닌가요?" 공자 왈 "아니다. 나는 하나로 꿸 뿐이다"라고 하였다. 즉, 일관지도一貫之道를 말함이다. 하지만 제자 가운데 증자曾子만이 이 말의 명확한 뜻을 이해했다. 이인편에서 공자가 말하길 "삼參아, 나의 도는 하나로써 꿰었느니라." 증자가 말하기를 "옳습니다" 공자가 나가자 제자들이 물었다. "무엇을 이르신 것인가?" 증자가 "선생님의 도는 충忠과 서恕일 뿐이다"라고 하였다.

충忠은 글자에서 알 수 있듯이, 중中과 심心의 합해진 것으로 속에 있는 마음이요, 지성至誠이라는 뜻이다. 그리고 서恕는 속에 있는 마음인 충忠이 밖으로 나타나면 서恕가 되는 것으로, 남의 마음을 내 마음처럼 이해하고 생각한다는 뜻이며, 지성至誠을 그대로 실천에 옮기는 것을 말한다. 그것이 바로 인仁이다. 증자曾子가 충忠과 서恕로 해석한 것은, 충忠과 서恕가 곧 인仁을 달성하는 길이기 때문이다.

일이관지는 공자의 '사상이나 생각과 행동은 하나로 꿰어진 원리'라는 것이며, 지금은 '초지일관初志一貫'과 비슷한 의미로 쓰이기도 한다.

8   아리스토텔레스는 『니코마코스 윤리학』에서 신과 결합된 윤리관이 아닌 독자의 경험주의적이며 실현이 가능한 실천의 길을 고찰했다. 그에게 지고至高의 삶 혹은 선善은 행복과 동일한 의미를 갖는다. 그는 행복에 근거해서 선善을 고르는 능력이 프로네시스가 된다고 한다. 그러므로 프로네시스는 단순한 지식이 아니라, 어떻게 하면 진짜 행복해질 수 있는지 판단할 줄 아는 사려 깊고 현명한 태도를 포함한 '삶에 대한 실천적 지식과 지혜'라고 할 수 있다.

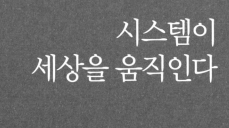

2

시스템이
세상을 움직인다

'자연' 자체가
거대한 시스템이다

▶▶▶ **무위자연**無爲自然**이 하나의 시스템이다**

시스템을 크게 대별하면 자연 시스템natural system과 인공 시스템 artificial system으로 구분할 수 있다. 자연 시스템은 인간의 의지나 의사에 상관없이 움직이는 시스템으로, 천체의 운행이나 자연계의 변화 등을 말한다. 반면 인공 시스템은 인간이 필요에 따라 개발하거나 형성한 것이며, 목적을 수반한 기능적 시스템이라고 할 수 있다.

자연 시스템은 자연이라는 개념으로부터 비롯된 것이다. 자연은 태어나거나 생성되어, 성장하고 쇠약해져 사멸하는 과정에서 생명력을 가지고 스스로 존재하고 발전하는 것을 말한다. '자연自然'이라는 말은 원래 『노자』에서 비롯되었으며, '스스로 자自'와 '그러할 연然'이 합쳐 이루어진 단어로 '스스로 그러한 상태'를 나타내는 것이다. 이후 노자는 '자연'이라는 것은 인위적인 힘이 가해지지 않은 스스로 그러한 상태이기 때문에 작위적作爲的인 '함이 없는' 무위無爲라는 단어와 결부시켜 '무위자연'이라는 말을 쓰기도 했다. 이는 자연이 무위이므로 세상의 사물 또한 있는 그대로를 존중한다는 뜻이다. 다시 말해 자연은 자기 자신에 대해서도, 세상 사물에 대해서도 인위를 가하지 않는 상태를 의미한다는 것이다. 놀라운 것은 어떠한 인위적인 힘을 가하지 않아도 자연은 그 자체만으로 거대한 시스템을 형성하고 있다는 것이다.

지구가 자전과 공전을 하는 것은 그중에서도 가장 대표적인 자연 시스템이라고 할 수 있다. 동쪽에서 떠오르는 해를 보며 해가 떠오른다고 표현하지만 사실은 해가 떠오르는 것이 아니라, 지구가 돌고 있는 것이다. 지구는 1억 4,960만㎞ 떨어진 태양의 주위를 시간당 약 107,320㎞(30㎞/s, 근일점: 30.3㎞/s, 원일점: 29.3㎞/s)의 속도로 돌고 있다. 그 결과 계절의 변화와 일조日照 시간의 변화 등이 생긴다. 지구는 또 하루에 한 번씩 지축을 중심으로 자전하고 있다. 그 때문에 밤과 낮이 생기고, 지구상의 모든 물체에 원심력이 생기는 것이다.

지구가 한 번 자전하는 데 걸리는 시간은 24시간이다.

이렇게 지구가 한 번 자전하면 하루가 지나고, 한 번 공전하면 1년이 지난다. 즉, 시간이 흘러가는 것이다. 시간은 생장과 사멸의 근간이다. 시간은 인간을 포함한 모든 자연의 주기다. 그러므로 모든 생명체의 생로병사가 지구의 자전과 공전 시스템에 따른다고 할 수 있다.

원하건 원하지 않건, 우리는 이미 자연이라는 거대한 시스템 안에 존재하고 있다. 우리가 지구에 살아 있고 태양계의 영향을 받는 그날까지 그럴 것이다. 우리의 의지와 상관없이 흘러가는 시간을 거스를 수 없듯이, 그러한 자연 시스템도 벗어날 수 없다. 아니, 시스템을 벗어나서는 단 1분도 살아갈 수 없다. 시스템이 곧 생존과 성장의 기본 바탕이기 때문이다.

▶▶▶ 시대와 환경 변화에 대처하는 첫 번째 열쇠, 시스템

구소련의 우주비행사 세르게이 크리칼레프Sergei Krikalev는 1991년 5월부터 이듬해 3월까지 우주 비행을 다녀온 뒤, 세상이 너무나 달라져 있어 충격을 받았다고 한다. 그가 지상을 떠나 있었던 시간은 불과 10여 개월이었다. 그 사이 동·서독의 국경이 사라졌고, 소련이 해체되어 공산주의 체제와 이념은 과거의 일過去之事이 되어 있었다. 그를 제외한 지상의 모든 사람이 상대적으로 그러한 변화의 세기와 빠르기, 심각성에 둔감했던 것은 변화의 소용돌이 한가운데 있었기 때문이다.

이처럼 세계는 끊임없이 새로운 세계 질서를 형성해 가고 있다. 과거에는 군사적·이념적 지배 논리에 의한 군사력이 세계를 지배했다면, 지금은 경제적·문화적 경쟁력이 세계를 지배하고 있다. 초국적 기업과 세계무역기구WTO와 같은 세계 기구들이 강력한 권한과 영향력을 행사하며, 개별 국민 경제를 실질적으로 통제·관리하고 있는 현실이 지구촌 단위의 단일 경제 시대가 도래했음을 증명해 주는 단적인 예라고 할 수 있다. 다시 말해 노동·자본·토지·기술이라는 생산 요소들이 국경을 초월해 자유롭게 이동되고 있음을 의미하며, 지구촌 자체가 하나의 시스템으로 통합되어 가고 있음을 나타내는 것이다.

이러한 세계화·개방화·정보화의 물결은 사회 구조의 일대 변혁을 가져왔다. 개인에게는 다양한 욕구와 개성을 실현할 수 있는 기회를 제공하고, 사회적으로는 새로운 문화 창출과 생활의 변화를 가져왔다. 일례를 들면 홈쇼핑·홈뱅킹·홈스쿨·자가 의료진단원격진료 서비스·전자 신문·홈시큐리티 등이 일반화되면서, 사람들의 물리적인 이동이 현저히 줄어 심각한 교통 문제를 완화할 수 있게 됐다. 더 나아가 공해 문제를 비롯해 노동력·자원·에너지 등의 문제를 감소시키는 효과까지 가져왔다. 특히 개인적으로는 시간을 절약

함으로써 다양한 여가 생활과 풍요로운 문화생활이 가능해졌으며, 그 결과 삶의 질은 더 향상되었다. 직장인의 경우 화상 회의·전자 출판·원격 설계 서비스·가상현실에 의한 시뮬레이션 등을 이용함으로써 시간뿐만 아니라 비용까지 절감하게 돼, 원가 경쟁력 제고 및 생산성 향상을 꾀할 수 있게 되었다. 이처럼 컴퓨터와 통신 기술을 바탕으로 한 고도 정보화 사회에서는 정보 제공자와 정보 이용자 간의 대화형 서비스가 일반화되고 멀티미디어 서비스가 보편화됨으로써, 시간과 공간에 대한 개념이 새롭게 인식되고 있다.

이제는 클릭 몇 번으로 지구 반대편에 있는 상품을 안방에 앉아서 받아 볼 수 있는 시대가 되었다. 이처럼 변화무쌍한 시대가 요구하는 것은 다양한 변화를 신속하게 수용하고 대처하는 자세인 것이다.

개인의 삶도 그렇게 변해야 하지만, 기업의 모든 관심과 초점 역시 고객의 다양한 욕구와 만족에 맞추어져야 하며, 그것을 지향하며 운영되어야 한다. 결국 경제 사회는 자연스럽게 공급자 주도형에서 소비자 주도형으로 전환되고, 모든 부문과 시스템이 고객 만족 극대화 원칙에 전력투구하게 된 것이다. 다시 말해 개인이든 기업이든 다양한 변화를 신속하게 수용하고 대처하는 것이 경쟁력을 기르는 핵심적인 요소가 되고 있는 것이다. 하지만 변화에 대처하는 것에만 능숙해지는 것만으로는 미흡하다. 그것이 눈에 보이는 경쟁력이나 성과로 이어지지 않으면, 결국에는 시대와 환경의 변화에 적응하지 못해 몰락을 부르게 되기 때문이다. 그것은 단순한 진퇴나 정체가 아니라 완전히 사라지는 것을 의미한다.

미국의 유력 일간지였던 《워싱턴 포스트》가 경영난에 허덕이다 결국 매각된 이유가 '디지털 시대'라는 새로운 미디어환경에 대처하지 못해서였음에 주목해야 하는 이유가 바로 그 때문이다.

《워싱턴 포스트》는 《뉴욕 타임스》, 《로스앤젤레스 타임스》와 함께 미국의 3대 신문으로 꼽히며, 136년의 역사를 자랑하던 언론사였다. 그런데 그런 전설적인 신문이 2013년 아마존닷컴에 매각되면서 세상을 놀라게 했다. 닉슨 대통령을 낙마시켰던 워터게이트 사건을 비롯해 수많은 특종으로 이름을 알린 《워싱턴 포스트》가 다른 기업도 아닌 IT 기업 아마존닷컴에 인수된 것은 시사하는 바가 크다. 시대와 환경에 민감하지 못한 기업이 그것에 아주 발 빠르게 대처해 온 기업에 인수되었다는 점에서 그랬다. 극과 극이 만나는 과정은 세간에 많은 흥미로운 화제를 남겼다.

아마존닷컴의 창업자 제프 베조스Jeff Bezos는 창업한 지 18년 만에 매출액 610억 달러를 달성한 '인터넷 천재'였다. 그가 그렇게 불렸던 가장 큰 이유는 '컴퓨터와 인터넷'이라는 시대적 변화를 그 누구보다 먼저 파악하고 실행에 옮겼기 때문이다. 아마존닷컴이 문을 연 1994년의 IT환경은 지금보다 훨씬 후진적인 수준이었다. 그러나 그는 일찌감치 인터넷의 무한한 잠재력을 간파했다. 그는 인터넷의 가능성을 상상하는 데서 그치지 않고, 현실적으로 예측하고 행동에 옮겼다. 물론 인터넷이 가진 취약점을 장점으로 승화시킨 것도 대단한 일이었다. 고객이 상품을 직접 보지 않고 구매해야 한다는 것은 분명한 인터넷 쇼핑의 단점이었다. 하지만 그것이 규격화되어 있는 서적일 때는 문제가 달랐다. 오히려 그 단점을 빠르고 간단하다는 장점으로 탈바꿈시킬 수 있었던 것이다.

베조스는 인터넷서점 아마존닷컴Amazon.com이라는 웹사이트를 통해 저렴한 가격과 엄청난 양의 서적을 데이터 베이스화 했을 뿐만 아니라 고객의 개인 정보를 저장해 두고, '원클릭1-Click'만으로 접속과 구매가 가능하도록 시스템화 했다. 하지만 그렇게 승승장구하며 1995년에서 2000년까지 해마다 200%가 넘는 성장률을 이어가던 아마존닷컴은 2001년 1,300명에 이르는 직원을 해고하며, 한차례 구조조정의 위기를 맞게 되었다. 그리고 얼마 뒤 판매 품목을 음반·소프트웨어·전자제품 등으로 확대했다. 2007년 아마존닷컴이 세상에 내놓은 '킨들'은 'e북 센세이션'을 일으켰고, 또 한 번 사람들을 놀라게 했다.

아마존닷컴이 성공할 수 있었던 가장 큰 이유는 시대와 환경 변화에 대처하는 첫 번째 열쇠가 바로 시스템 구축이라는 것을 정확하게 간파했기 때문이었다. 데이터 베이스를 구축함으로써 유통비를 줄이고, 고객 서비스 시스템을 구체화시켰던 것이다. 그것은 인터넷 쇼핑몰의 획기적인 롤 모델이 되고도 남았다. 그에 버금가는 시스템 구축은 전 세계 웹사이트와 아마존닷컴 사이트를 연결하는 치밀한 전략적 제휴 등을 꼽을 수 있다.

▶▶▶ 조직을 지배하고 싶다면 시스템에 능통하라

조직에서 필요로 하는 유능한 구성원은 어떤 모습일까? 자신이 속한 업무 분야에 전문성을 가지고 지식과 기술을 펼치는 사람, 도덕적으로 문제가 없으며 탁월한 업무 성과를 내는 사람, 원만하고 통솔력 있는 리더십으로 상하 관계를 잘 통합하는 사람일 것이다. 이와 같은 구성원은 조직 어느 부서에서 어떤 일을 하고 있든 두드러지게 눈에 띈다. 왜 그럴까? 이유는 간단하다. 시스템과 시스템적 사고에 능통한 사람이기 때문이다.

시스템에 능통하다는 것은 조직의 시스템은 물론 자신과 시스템의 주체인 구성원에도 능통하다는 이야기다. 그들은 자신의 능력을 최대로 끌어올려 성과를 창출하는 운용 능력도 갖추고 있지만, 구성원이 능력을 발휘할 수 있도록 하는 자질도 함께 갖추고 있다는 뜻이다.

뇌 과학자들은 이러한 능력을 보다 체계적이고 논리적으로 분석하고 있으며, 그것 역시 시스템에 의한 것이라고 설명한다. 그들은 우리 뇌 속의 대뇌변연계림빅시스템, limbic system[9]가 균형 시스템·자극 시스템·지배 시스템으로 이루어져 있다고 주장하며, 식욕이나 수면욕 같은 생명 유지를 위한 기본적인 욕구 이외의 감정 시스템이 존재한다고 주장한다.

균형 시스템은 위험과 불확실성으로부터 멀어져 조화를 추구하고 싶은 욕구로, 삶의 모든 것이 질서정연하게 정돈되어 평화롭게 질서를 유지하고 있을 때 만족감과 행복감을 느낀다고 한다. 이러한 균형 시스템은 내외환경 간의 균형을 이루게 하는 생체 항상성을 기본 원칙으로 하며, 이기적인 인간을 서로 뭉치게 만든다. 뭉칠 때 인간은 더 안전해지고, 이를 통해 자신의 유전자를 퍼뜨릴 기회가 더욱 많기 때문이다.

자극 시스템은 변화와 새로움을 지향해 혁신을 추구하는 욕구로, 지루함을 떠나 남과 다른 것을 찾아 다채로운 체험을 통해 즐겁고 행복해지려는 욕구다. 우리가 책·영화·연극·문학 등을 즐기는 이유이기도 하며, 오늘날 TV·미디어·여행·오락 산업 등이 번성하는 이유이기도 하다. 이러한 자극 시스템이 지배 시스템의 뒷받침을 받으면 혁신의 강력한 원동력이 되기도 한다.

지배 시스템은 본질적으로 경쟁자를 밀어내고 성취감을 통해 자신만의 권력 체계를 구축하고 그 영역을 확장하고 싶어 하는 욕구로, 최고를 위한 노력, 자신의 의견이나 아이디어를 관철시키고 타인으로부터 인정받으려는 노력 등이 이에 해당된다. 이러한 지배 시스템은 인도주의적 인간상과 모순되기도 하지만, 인간의 진보를 위한 기술 발전과 성장의 원동력이 되기도 한다.

자기 자신에 능통하고 구성원에 능통하다는 것을 직설적으로 표현하면 바로 지배 시스템이 강하다는 것이다. 하지만 모든 구성원이 입사 때부터 지배 시스템이 강한 구성원일 수는 없다. 다만 그러한 성향을 부추기고 독려함으로써, 조직의 목표를 성취해야 하는 것이다. 지배 시스템이 강한 구성원이 확률적으로 많거나 구성원을 그런 성향으로 최대한 끌어올리는 기업은 성과가 높아지는 것이다.

조직 안에서 지배적이고 우월한 구성원이 되기 위해서는 자신의 감정 시스템에 능통해야 한다. 자신의 부족한 면을 채우려는 노력과 단점을 의도적으로 고치려는 습관이 필요하다는 것이다. 심하게 말하자면 뇌의 구조까지 바꾸라는 이야기다. 다시 말해 자신의 감정 시스템을 조율하고 운용하는 데 능수능란해야 한다는 의미다. 사람의 뇌는 지극히 시스템적이다. 140억 개의 뇌세포는 서로 연결되어 감각과 지각, 사고와 상상, 언어 구사驅使 능력을 가능하게 한다. 뿐만 아니라 외부로부터 받아들인 정보를 처리하고 축적하는 정보 처리 능력을 갖추고 있다. 참으로 거대하고 복잡한 시스템이 아닐 수 없다.

감정을 잘 컨트롤하고 운용할 줄 아는 사람은 결국 자신의 뇌 시스템에 능통한 사람이라고 볼 수 있다. 그런 사람은 자신의 장단점을 아주 정확하게 판단할 줄 알고, 그것을 개선하고 수정하는 데 주저하지 않는다. 그리고 그러한 결과를 외부 시스템에 잘 대응할 수 있도록 자신을 최적화한다.

기업이나 조직의 외부환경만 변화무쌍한 것이 아니라, 조직 내부의 업무환경도 마찬가지다. 무쌍한 변화에 유연하게 대처하려면 우선 자신의 감정 시스템에 능통해야 하며, 내부 시스템에 민감해야 한다. 가령 호기심은 강하지만 추진력이 약하다고 판단되는 구성원이 번번이 그것 때문에 지적을 받거나 업무상 장애를 느낀다면 망설임 없이 개선해야 한다는 것이다. 이 경우, 자극 시스템은 강하지만 지배 시스템은 약할 수 있다. 반면 추진력은 좋지만 항상 위험요소를 안고 일을 하거나 그것 때문에 적잖은 업무 손실을 초래하는 구성원이라면 지배 시스템은 강하지만 균형 시스템은 약하다고 볼 수 있다.

사람의 감정 시스템은 어느 것이 더 강하게 작용하느냐에 따라 마음과 행동이 달라진다. 이것을 이용해 마케팅을 하는 경우도 있다. 이른바 신경 마케팅이다. 균형 시스템이 강한 사람에게 어필해서 성공을 거둔 안정성의 상징 볼보, 지배 시스템이 강한 사람에게서 브랜드 효과를 거둔 우월한 자긍심 포르쉐, 자극 시스템이 강한 사람들로부터 각광을 받은 레드 불이 그 대표적인 사례다. 그렇다면 이런 질문을 스스로에게 한번 해 보자. 나 자신에게는 어떤 신경 마케팅을 쓸 것인가? 그리고 그 이면에서 발견되는 단점이나 콤플렉스를 어떻게 극복하고 보완할 것인가?

사람이 완벽할 수는 없다. 다만 단점을 보완하고 장점을 부각시킴으로써 완벽에 가까워질 수 있을 뿐이다. 뇌 시스템에 능통해 자기 자신을 컨트롤할 수 있고, 조직의 시스템에도 능통하다면 그는 곧 조직을 컨트롤할 수도 있다. 이것이 조직을 지배하고 싶은 구성원이 시스템에 능통해야 하는 이유다. 그러니 자신이 왜 지금까지 조직을 지배하지 못했는지 알려고 하기 전에 먼저 자신의 뇌 시스템을 컨트롤해야 하지 않겠는가 하는 말이다.

☞ **가치지향적 삶**

1960년에서 1980년까지 20년간 하버드대학 MBA 과정 졸업자 1,500명을 추적한 연구 보고서의 내용이다. 졸업생들을 처음부터 두 그룹으로 나뉘었다. A그룹에 속한 졸업생들은 먼저 돈을 벌고, 그다음에 자신이 하고 싶은 일을 하겠다고 대답한 사람들이 속한 그룹이고, B그룹에 속한 졸업생들은 처음부터 자신이 관심 있는 일을 하다 보면 돈은 자연스레 따라올 것이라고 대답한 사람들이 속한 그룹이다. 1,500명 중에서 A그룹에 속한 사람은 83%인 1,245명이었고, B그룹에 속한 사람은 17%인 255명이었다. 그런데 20년 후, 그들 중에서 101명이 백만장자가 되었다. 문제는 그 101명 중에 A그룹에 속했던 졸업생은 단 1명이었고, 100명은 모두 B그룹에 속했던 졸업생들이었다는 점이다. A그룹에 속한 사람들은 수단에 집착한 사람이요, 현실 지향적인 사람들이었고, B그룹에 속한 사람들은 목표 지향적이요, 가치지향적인 사람들이었다. 젊은 날 출발점에서부터 자신의 비전과 꿈, 자신이 추구하는 가치관에 자신을 헌신한 사람들이 성공적인 삶을 살게 된 것이다.

이 보고서가 우리들에게 시사해 주는 것은, 자신의 가치관을 따라 그 가치를 성취하려고 사는 사람들이 성공할 확률이 높다는 것이다. 가치를 추구하고, 비전과 꿈을 향하여 열심히 살아가노라면 성공은 자연히 따르게 마련이라는 것이다.

☞ **파레토의 20 대 80의 법칙**

100년 전 이탈리아 경제학자 파레토Vilfredo Pareto가 우연히 개미들을 관찰하다가, 열심히 일하는 개미는 20% 정도고, 나머지 80%는 그럭저럭 시간만 때우는 것을 발견했다. 흥미가 발동한 그는 일 잘하는 20%만 따로 갈라놓아 보았다. 이들은 처음에는 모두 열심히 일하더니, 곧 그중 80%는 놀기 시작했다. 80%의 일을 안 하던 집단도 시간이 지나니, 20 대 80의 비율로 일하는 무리가 생겼다. 유명한 ' 20 대 80의 법칙'은 이렇게 탄생했다.

이것은 인간사회에서 변할 수 없는 행동양식과 계층구조를 보여주는 것이지 누가 누구를 착취함을 나타내는 지표가 아니다. 오히려 사회의 생산 엘리트 20%가 일을 못하게 되면, 사회가 불행해짐을 보여주는 이론이다. 파레토가 풍년이 났을 때 마을에 내려가 보니, 풍년 덕에 곡식을 가득히 채운 집은 20% 정도였고, 나머지 80%는 그럭저럭 형편이 나아졌을 뿐이었다. 흉년이 났을 때도 80%는 굶을 지경이 됐지만, 20%의 농가는 곡식을 여유 있게 추수해 놓고 있었다. 이 20%가 저축한 양식 덕에 나머지 사람들은 겨울을 굶어 죽지 않고 넘길 수 있었던 것이다.

누구의 삶에도 이 법칙은 다 숨어 있다. 수행하는 노력 중의 20%가 결과의 80%를 만들고 있는 것이다. 오늘도 우리가 노력한 20%가 얻은 결과의 80%를 만들었을 것이다. 효과적인 20%의 핵심적인 요소를 찾아내고 개발하여, 80%에 해당하는 비효율·비효과적인 부분을 줄여 나가는 지혜를 얻는다면, 이 법칙이야말로 진보·발전의 희망적 도구가 될 것이다. 무조건 열심히 하기보다는, 핵심을 찾아 더 많은 노력을 집중하자는 것이다. 모든 기회를 다 추구하기보다 80%의 결과를 이끌어낼 가치있는 20%를 찾아 그곳에 집중하자는 것이다. 이게 다름 아닌 행운이지 않겠는가?

---

9 인체의 감정이나 욕구 등을 관장하는 신경계, 림빅시스템은 대뇌변연계라고 하며 1952년 맥린에 의해 소개되었으며 이 부분이 자극이 되면 특정 생각과 감정이 발생한다고 알려져 있다. 대뇌반구의 안쪽과 밑면에 존재하는 것으로 감정과 기억을 담당하는 역할을 한다. 포유동물 이상에서만 관찰되며 해부학적으로는 매우 복잡하기 때문에 정확하게 연구되지 못하고 있는 부분이기도 하다.

림빅시스템은 크게 세가지 영역, 유지와 보존의 힘을 담당하는 균형지령Balance Instruction, 팽창과 파괴의 힘을 담당하는 지배지령Dominance Instruction, 발견과 혁신의 힘을 담당하는 자극지령Stimulus Instruction으로 구분된다.

시스템과 시스템적 사고는
어떤 것인가?

▶▶▶ **시스템의 의미**

우선 시스템의 의미를 먼저 살펴보자. 시스템은 그리스어 '시스테마Systema'에서 유래된 것으로 각 구성 요소가 서로 일정한 관계를 가지면서 형성하는 하나의 '전체'를 의미하며, 복수의 요소로 구성된 어떤 전체를 가리키는 개념이다. 시스템은 인지 대상의 성질에 따라 계·계통·체계·조직·제도·체제·순서·방법·규칙·군·집합·전체 등으로 지칭된다. 사전적인 의미의 시스템은 '체계'로 해석하며, 하나의 통일적 전체를 구성하는 과학적 혹은 철학적 명제의 집합으로 정의하고 있다. 또 한편으로 깁슨R. E. Gibson에 따르면 '예정된 기능을 협동으로 수행하기 위해 설계된 상호작용 요소들의 유기적인 집합체'로 정의되기도 한다. 다시 말해 시스템은 공통의 목표를 추구하면서 하나의 실체로 활동하는 상호 관련된 부분들의 집합 개념이다.

이와 같이 상호 관련된 부분들의 집합체 개념인 시스템은 학문 체계·사고 체계·논리 체계·법률 체계 등과 같이 종속적인 개념이나 생각들의 정돈된 배열의 의미인 '개념적 시스템'과 오디오 시스템·교통 시스템·행정 시스템 등과 같이 공통의 목적이나 기능을 위해 상호작용하는 요소들의 집합의 의미인 '물리적 시스템'으로 구분해서 설명할 수 있다.

요컨대 시스템이란 공통의 목표나 목적 또는 기능을 달성하기 위해 상호작용하는 요소 또는 실체들로 구성된 집합의 개념으로서, 단순 집합체인 '합'의 개념이 아니고, 복합적인 상호작용 과정의 '승'의 개념, 즉 시너지 개념$a + b + c < a \times b \times c$으로 설명될 수 있다.

시스템에 대한 보다 구체적인 이해를 돕기 위해 미국의 어느 목사가 인간을 대상으로 분석한 것을 보면 재미있는 사실을 발견할 수 있다. 그는 인간의 육체를 머리카락과 살과 뼈 등으로 세분해, 레벨 1의 정태적 요소인 산업 용도로 평가한 바 있다. 그에 의하면 몸무게 70kg의 성인 남성을 기준으로 볼 때, 사람의 지방을 짜

내면 일곱 개의 비누를 만들 수 있고, 뼈에 있는 탄소를 추출하면 9,000자루의 연필을 만들 수 있으며, 6cm 정도의 못 한 개를 만들 수 있는 철과 성냥 2,200개비를 만들 수 있는 인이 나온다는 것이다. 그 가격을 전부 합하면 5만 원 정도다. 이와 같이 분석할 경우, 레벨 1의 정태적 구조로서의 인간의 가치와 레벨 7의 인식 능력을 갖춘 시스템으로서의 인간의 가치 사이에는 엄청난 차이가 있음을 알 수 있다.

즉, 시스템은 어떤 원리에 의해 조직된 통일적 전체로서, 부분들이 모여 만들어진 단순한 집합이 아니라, 전체는 부분과 그리고 부분은 부분끼리 서로 유기적인 관계를 갖는 조직적 구성이라는 것을 알 수 있다.[10]

▶▶▶ 시스템적 사고의 의미

시스템적 사고는 사물을 단순히 기계적으로만 보아 오던 과거의 사고방식과는 전혀 다르게, 변화무쌍한 시대 흐름에 맞는 새로운 패러다임과 새로운 사고 원리를 바탕으로 하는 사고방식[11]이다. 예컨대, 사물을 구성 요소별로 분할·환원하여 분석하고, 그 합이 바로 전체라고 보는 요소 환원주의로 접근하기보다는 전체로서 이해하고 관찰하는 방향으로, 인과관계는 결정론적이라기보다는 불확정성과 초기 조건의 변화에 민감하게 의존한다는 생각으로, 객관적인 분석보다는 오히려 관찰자의 의식이 실체를 결정하는 주관적인 판단이 우세할 수 있다는 쪽으로, 유물론적 사고보다는 정신과 물질의 분리 불가의 입장으로 사고의 바탕이 전환되는 것을 의미한다. 이러한 사고 전환의 바탕에 깔려 있는 생각들을 정리·축약해서 다섯 가지로 분류해서 말하자면 전체 지향·관계 지향·목적 지향·중점 지향·미래 지향의 사고라고 할 수 있으며, 이를 시스템적 사고라고 이른다.

전체 지향의 사고는 단편적이고 일면적인 하나의 부분에 빠져 있는 사고가 아니라, 전체의 맥락 속에서 이론과 실제, 전체와 부분, 분석과 종합이라는 양자 간의 조화와 통합을 이해하려는 사고다. 예를 들면 유행성 상품이나 계절성 상품 및 부패하기 쉬운 상품 등 여러 가지 상품의 장기 악성 재고화로 인한 손실을 미연에 최소화하기 위해 상당 부분을 한꺼번에 정리하려고 원가 이하로 밑지고 파는 사고가 그 대표적인 예라고 할 수 있다. 즉, 부분 최적화보다는 전체 최적화를 추구하는 것이다.

관계 지향의 사고는 전체와 부분, 부분과 부분 간의 유기적인 관계를 분석하고 주목하는 사고다. 특히 요즘처럼 특정 부서에서 단독으로 해결할 수 없는 문제는 전체적인 유기적 관계에서 대응할 필요가 있다. 예를 들면 제품에 대한 고객 불만 사항을 해결하기 위해 해당 고객만족관리 부서뿐만 아니라 관계되는 영업팀·생산팀·

개발팀·구매팀 등 관련 부서와 TFTTask Force Team를 형성해서, 불만 사항 및 관련 문제점의 근본 원인을 분석하고 종합적으로 해결하려는 사고가 관계 지향 사고의 전형적인 예라고 할 수 있다.

목적 지향의 사고는 우리가 접하는 모든 외부 세계, 심지어는 자기 자신에 대해서까지도 보이는 그대로가 아니라, 목적이 무엇인가를 생각하는 사고다. 어떤 현상을 생각할 때 그것의 발생 원인만 고려하는 것이 아니고 그런 현상을 야기한 본질 즉, 원인과 목적이 무엇인가를 찾아내려는 사고방식이다. 예를 들면 아침 일찍 차를 몰고 출근길에 나서는 것은 단지 주차난을 쉽게 해결하기 위해서만이 아니라 남들보다 이른 시간에 먼저 출근길에 나섬으로써 통근 시간 자체도 줄이고 주차 문제도 쉽게 해결함은 물론, 여유 시간을 유익하게 활용하려는 것이다. 이는 단순히 겉으로 나타나는 현상이나 모습에 얽매이는 것이 아니라 그 본질을 생각하며 일의 목적과 존재 이유를 생각하는 사고다.

중점 지향의 사고는 관계 지향의 사고를 하다 보면 크고 작은 모든 관련 사항을 파악한다는 것이 현실적으로 불가능하다는 사실을 극복하기 위한 것이다. 덧붙여 말하자면 중점이 되는 사항만을 고려하고, 나머지 사소한 것들은 아예 무시해 버려야 더 정확할 수 있다는 생각이다. 다시 말해 모두를 보되 모두를 선택하지 않는다는 사고방식으로, 전체와의 관계를 보되 급소를 찾아 지렛대로 삼는 사고다. 20 대 80의 법칙과 같이 20%의 핵심에서 80% 효과를 얻을 수 있다면, 거기에 집중하라는 것이다. 예컨대 상위 20%의 우량 고객으로부터 수익의 80%를 얻을 수 있다면, 우량 고객의 확보·유지에 집중 투자하는 것이 80%의 일반 고객을 확보·유지하여 20%의 수익을 얻는 것보다 훨씬 경제적이고 효과적이라는 것이다.

미래 지향의 사고는 눈앞의 일만 생각하지 않고, 미래적 안목으로 멀리 보고 깊이 생각하는 원모심려遠謀深慮의 사고다. 예를 들면 농부가 가을에 거두어 들일 곡식을 생각하며 이른 봄에 씨앗을 뿌린다거나, 새해의 농사를 짓기 위해 당장은 배가 고프더라도 종자는 먹지 않고 비축하는 사고다. 기업경영 차원에서 보자면 단기적인 이익은 양보하더라도, 중장기적인 이익에 초점을 맞추는 사고다. 재정 상황이 어려워진다고 해서 원천 기술의 개발 투자를 감축하거나 등한시하는 행위, 당기의 매출 목표 달성을 위해 다음 해의 매출을 미리 앞당기거나 밀어내기 식의 판매로 매출을 부풀리는 행위 등은 미래 지향적인 사고에 반反하는 대표적인 예라고 할 수 있다.

▶▶▶ 시스템적 사고에 의한 혁신 제안 예

이러한 시스템적 사고로 기업경영 내부를 들여다보면, 개선하고 혁신해야 할 사안이 한둘이 아님을 알 수 있다. 그중에서도 평소 모든 조직 구성원의 관심이 쏠려 있는 인건비와 관련하여, 복리 후생비·한정 경비·퇴직금 등의 처리 문제에 대해 잠시 살펴보기로 하자.

맨 먼저 각종 경조금, 자녀 학자금, 교통비 및 차량 유지비, 식대, 기타 등등의 보조금 형태의 현금성 복리 후생비와 사내·외의 각종 행사 및 명절 시 지급되는 현물성 복리 후생비의 지출 처리 모양새를 보면, 그 처리 과정의 복잡성과 공정성·진실성 시비를 비롯한 비리와 부실관리로 인한 쓸데없는 문제점과 낭비 요소가 많이 잠재되어 있거나 노출되고 있는 실정이다. 뿐만 아니라 이와 관련된 업무 처리 및 회계 처리 프로세스에 직간접으로 소요되는 경영력과 인력·인시人時, man hour는 무시할 수 없을 만큼 의외로 크고 많다.

이러한 문제점과 낭비 및 비효율을 한꺼번에 제거하는 길은 복리 후생과 관련된 일체의 업무와 계정과목 및 비목費目 자체를 싹 없애 버리고, 간소화하는 것이라고 할 수 있다. 이들 비용은 전부 구성원의 복리 후생은 물론 그들의 직무 수행과 직간접으로 연계되어 있는 만큼 이를 전부 직무급화하거나 기본급에 흡수하여 아예 급여로 통합하여 지급한다는 것이다. 이렇게 관련 업무와 프로세스를 없애거나 간소화함으로써 절약되는 인건비를 비롯한 모든 경비는 물론 불용不用 업무의 원천적 제거에 의해 효율과 생산성의 향상 등으로 얻어지는 반사적 이익까지를 포함해서 구성원의 임금 인상에 모두 반영한다면, 그야말로 일석이조一石二鳥가 될 것이다. 그리고 차제에 복리 후생비를 비롯한 여타의 간접 인건비도 최대한 직접 인건비화하여 직무급이나 기본급에 통합하여 단순화할 것을 강력히 제안하는 바이다.

또한 한정 경비 처리 문제를 보면 교육비·회의비·업무 추진비·소모품비·교재비·접대비·회식비·특근 및 야근 식사비·잡비 기타 등등의 일반관리비와, 판매비 중에서도 일반관리비와 유사한 성격의 판매 촉진성 경비 기타는 전부 구성원의 직무 수행과 관련하여 발생되는 비용인 만큼 이들 비용을 전부 또는 일부 선별하여 직무급에 통합해 급여로 일괄 지급한다면 어떨까. 예산 통제를 비롯한 관리 부담도 줄고 가벼워질 뿐만 아니라, 많은 업무량을 줄일 수 있어 관련 업무가 상당히 단순화되고 간소화되어 인력과 인건비 절약 효과를 얻을 수 있다. 어차피 직무 수행에 불가피하게 수반되는 경비이므로 급여로 지급해 주면 관리자가 아껴 쓰라고 잔소리하거나 관리할 필요가 없어지는 것이다. 구성원 개개인이 알아서 직무 수행에 필요한 만큼 쓰라고 준 것이므로, 주인의식과 주체의식을 가지고 아껴 쓰고 남으면 가용家用에 보태 쓰든 어떻든 알아서 쓰게 되는 것이다. 종전처럼 하나하나 일일이 관리자가 챙기고 관리할 것이 아니라, 조직과 본인의 경영 목표와 대비한 엄정한 성과관리를 통해 종전보다 더 효과적인 관리가 가능하도록 관리 시스템을 세련되게 개선하면 되는 것이다. 말하자면 기존의 기계적인 사고에서 탈피하여 시스템적 사고로 부분 최적화보다 전체 최적화를 지향하고, 자율경영의 폭을 넓혀 상하 관계가 부드럽고 건설적인 방향으로 발전되도록 하자는 것이다. 나아가 강한 주인의식과 일에 대한 열정 지수를 높여서 성과 극대화가 조기에 달성되게 함은 물론 보다 전략적·전술적인 일과 예외관리에 집중토록 함으로써 미래 지향적인 전략경영에 눈을 돌리게 하자는 것이다.

다음으로 퇴직금 처리 문제를 보면 이는 필요 이상으로 노사 간에 날카롭게 반목·대립하여 기업경영 차원을 넘어 사회 불안 요인으로 대두되고 있고, 이것이 국민경제에 미치는 부정적 영향은 실로 안타깝기 짝이 없다. 문제의 발단은 퇴직급여의 계산 기초·방법·근거·포함 범위·지급 방법 등을 둘러싸고 노사 간에 눈앞의 이해관계에 얽혀 서로의 주장을 굽히지 않고 있을 뿐 아니라, 외부 불순 세력의 가세加勢로 해법을 찾기가 어렵다는 점이다. 예컨대 문제가 되고 있는 것을 보면 행정 당국의 편의와 노사 간의 균형적 이해를 도모하기 위해 퇴직급여의 계산 기초를 퇴직 직전 최근 3개월간의 평균임금으로 정한 바 있다. 그런데 현장 실행 과정에서는 평균임금 수준을 올리기 위해 특·야근 등을 필요 이상으로 늘리거나, 평균임금 계산 범위에 성과급·특별 성과급·상여금·생산성 향상 격려금productivity incentive·초과 이익 특별 성과급profit sharing·특별 격려금grant for encouragement 등을 포함할 뿐 아니라 이를 집중적으로 늘리는 등의 편법으로, 퇴직급여를 비정상적으로 부풀리는 부조리와 비리로 공정성과 타당성의 문제가 제기되는 등 이를 둘러싼 노사 간의 불협화음과 분쟁이 빈발하여 경영력의 누수와 낭비가 일고 있다. 또 구성원 상호 간에도 실제로 받아야 할 퇴직급여보다 많이 받는 사람과 적게 받는 사람이 생기는 불합리가 버젓이 존재하는 모순이 일어나고 있는 실정이다. 퇴직급여 중간 정산제 역시 당초 취지와는 다르게 단순히 휴가 비용이나 해외여행 경비 등의 소모적·낭비적인 방향으로 불합리하게 이용되는 사례가 많이 나타나고 있는 게 현실이다. 이런 복잡하고 어려운 문제야말로 진정 종래의 기계적인 사고에서 벗어나, 시스템적 사고로 문제의 본질을 보고 원리적으로 접근하여 쉽게 풀어야 한다. 한마디로 말해 퇴직금 제도 자체를 없애 버리고 일거에 그 폐해와 부조리를 제거하여, 노사 쌍방이 미래 지향적인 방향으로 해결하는 것이 올바른 해법이라고 할 수 있다.

여기에는 여러 가지 해법이 있을 수 있다. 본인이 직접 갹출·적립한 퇴직급여 충당금을 본인 퇴직 시에 그 금액 그대로 가감加減없이 받도록 하는 것은 공정성의 측면에서는 좋을지 모르지만, 이는 불필요한 업무와 강제 저축을 유발한다는 측면에서도 좋을 게 없다. 이보다는 아예 퇴직금제 자체를 없애 버리는 것이 더 바람직한 해법이 될 수 있다. 퇴직금제를 없앤다는 것은 근본적으로는 퇴직급여를 그때그때 일반 급여에 포함해서 한꺼번에 지급해 주는 개념이라고 할 수 있다. 앞에서 제기된 문제점을 비롯하여 근로자의 주장을 최대한 받아들여 계산해 낸 평균임금 수준이, 퇴직금제가 아예 없는 회사의 평균임금 수준보다 떨어지는 상황을 어떻게 해석하고 해결해 나갈 것인가 하는 것이 문제의 본질이지 않겠는가?

그런 면에서 퇴직금제의 존폐 여부와 관계없이 퇴직급여를 포함한 평균임금 수준이 인건비 효율 측면에서, 구성원 입장에서는 타사보다 많이 받는 '고임금' 수준이 되게 하고, 회사 입장에서는 타사보다 적게 나가는 '저인건비' 수준이 되게 하는 것, 그것이 진정한 해결책이 될 수 있다. 뿐만 아니라 이러한 '고임금·저인건비' 수준이 해를 거듭할수록 하방下方 경직성을 띠면서 상향 곡선을 그려가도록 하면, 퇴직급여뿐 아니라 모든 인건비 관련 문제는 근본적·발전적인 방향으로 해결되어 나아가지 않겠는가? 그러면서 총체적인 인건비관리는 직종별·직급별·직무별·시기별로 인건비 효율 측면과 인건비의 대내·외 경쟁력, 임금 총액과 평균임금 수준, 단위당 임금 수준 등 다각도로 투명하고 정교하게 관리해 나간다면, 노사 간의 반목과 불신 및 분쟁은 지금으로서는 상상조차 힘든 '먼 산의 불구경'이 될 것이다.

　요컨대, 구성원 전원이 강한 주인의식과 일에 대한 뜨거운 열정으로 맡은 일에 몰입하여, 지속적으로 성과 극대화를 이루어나감으로써, 원천적으로 '고임금·저인건비'가 실현되도록 '시스템과 시스템적 사고'에 의한 경영을 실현하는 것, 그것이 가장 확실하고 간결한 해법이라고 할 수 있다.

　이러한 '시스템적 사고'는 '더 좋은·더 많은·더 행복한' 목표와 목적을 성취하려는 데 직접적으로 도움이 되는 전체 지향·관계 지향·목적 지향·중점 지향·미래 지향의 종합적 사고 체계요, 문제 해결을 위한 최고·최상의 해결 열쇠Master Key라고 할 수 있다. 그러므로 '시스템적 사고'를 바탕으로 얼마만큼 유연하게 사고하고 탄력적으로 대처하느냐 하는 것은 개인적인 문제 해결 능력을 확실하게 발현하고 주위로부터 인정받는 길이기도 하다.

▶▶▶ 시스템적 사고의 흥미로운 사례

5·16 군사 정변 직후인 1961년 6월 27일 이병철李秉喆 전 회장과 박정희朴正熙 전 대통령의 만남은 한국 현대사를 바꾼 역사적 인연, 즉 군인과 기업인의 협력을 상징한다. 이병철 전 회장은 회고록『호암자전湖巖自傳』에서 군사 정부의 실력자 박정희 부의장과 나눈 대화를 상세히 기록해 두었다.

> 박朴 부의장은 부정 축재자 열한 명의 처벌 문제에 대한 나의 의견을 물었다. 나는 부정 축재 제1호로 지목되고 있는데, 어디서부터 말문을 열 것인가, 한동안 침묵이 흘렀다. 박 부의장은 "어떤 이야기를 해도 좋으니 기탄없이 말해 주십시오"라고 재촉했다. 어느 정도 마음이 가라앉았다. 소신을 솔직하게 말하기로 했다. "부정 축재자로 지칭되는 기업인에게는 사실 아무 죄도 없다고 생각합니다." 박 부의장은 뜻밖인 듯 일순 표

정이 굳어지는 것 같았다. 그러나 계속했다. "나의 경우만 하더라도 탈세를 했다고 부정 축재자로 지목되었습니다. 그러나 현행 세법은 수익을 훨씬 넘는 세금을 징수할 수 있도록 규정되어 있는 전시戰時 비상 사태 하의 세제稅制 그대로 입니다. 이런 세법 하에서 세율 그대로 세금을 납부한 기업은 아마 도산을 면치 못했을 겁니다. 만일 도산을 모면한 기업이 있다면 그것은 기적입니다."

박 부의장은 가끔 고개를 끄덕이며 납득하는 태도를 보여 주었다. "액수로 보아 1위에서 11위 안에 드는 사람만 지금 부정 축재자로 구속되어 있지만, 12위 이하의 기업인도 수천·수만 명이 있습니다. 사실은 그 사람들도 똑같은 조건 하에서 기업을 운영해 왔습니다. 그들도 모두 11위 이내로 들려고 했으나 역량이나 노력이 부족했거나, 혹은 기회가 없어서 11위 이내로 들지 못했을 뿐이고, 결코 사양한 것은 아닙니다. 따라서 어떤 선을 그어서 죄의 유무를 가려서는 안 될 줄 압니다.

사업가라면 누구나 이윤을 올려 기업을 확장해 나가려고 노력할 것입니다. 말하자면 기업을 잘 운영하여 그것을 키워 온 사람은 부정 축재자로 처벌 대상이 되고, 원조금이나 은행 융자를 배정받아서 그것을 낭비한 사람에게는 죄가 없다고 한다면, 기업의 자유경쟁이라는 원칙에도 어긋납니다. 부정 축재자 처벌에 어떤 정치적 의미가 있는지 알 길이 없지만, 어디까지나 기업을 경영하는 사람의 처지에서 말씀드렸을 뿐입니다."

박 부의장은 "그렇다면 어떻게 했으면 좋겠느냐"고 물었다. 나는 이렇게 대답했다. "기업하는 사람의 본분은 많은 사업을 일으켜 많은 사람들에게 일자리를 제공하면서 생계를 보장해 주는 한편, 세금을 납부하여 그 예산으로 국토 방위는 물론 정부 운용·국민교육·도로 항만 시설 등 국가 운영을 뒷받침하는 데 있다고 생각합니다. 이른바 부정 축재자를 처벌한다면 그 결과는 경제 위축으로 나타날 것입니다. 이렇게 되면 당장 세수稅收가 줄어 국가 운영이 타격을 받을 것입니다. 오히려 경제인들에게 경제 건설의 일익을 담당하게 하는 것이 국가에 이익이 될 줄 압니다."

박 부의장은 한동안 내 말을 감동 깊게 듣는 것 같았으나, 그렇게 되면 국민들이 납득하지 않을 것이라고 했다. 나는 국가의 대본大本에 필요하다면 국민을 납득시키는 것이 정치가 아니겠느냐고 말했다. 한동안 실내는 침묵에 빠졌다. 잠시 후 미소를 띤 박 부의장은 다시 한 번 만날 기회를 줄 수 없겠느냐면서 거처를 물었다. 메트로 호텔에서 연금 상태에 있다고 했더니 자못 놀라는 기색이었다.

이튿날 아침 이병희 서울 분실장이 찾아오더니, "이제 집으로 돌아가도 좋다"고 했다. "다른 경제인들도 전원 석방되었느냐"고 물었더니 아직 그대로라는 것이다. "그들은 모두 나와 친한 사람들일 뿐 아니라, 부정 축재자 1호인 나만 호텔에 있다가 먼저 나가면 후일에 그 동지들을 무슨 면목으로 대하겠는가. 나도 그들과 함께 나가겠다"고 거절했다.

박정희는 최고회의 법사위원장 이석제李錫濟를 불렀다. "경제인들은 이제 그만했으면 정신 차렸을 텐데 풀어주지." "안 됩니다. 아직 정신 못 차렸습니다." "이 사람아, 이제부터 우리가 권력을 잡았으면 국민을 배불리 먹여 살려야 될 것 아닌가. 우리가 이북만큼도 못한 경제력을 가지고 어떻게 할 작정인가. 그래도 드럼통 두드려서 다른 거라도 만들어 본 사람들이 그 사람들 아닌가. 그만치 정신 차리게 했으면 되었으니, 이제부터는 국가의 경제 부흥에 그 사람들이 일 좀 하도록 써 먹는 게 낫지 않겠는가."

이석제는 박 부의장의 이 말에 반론을 펼 수 없었다. 다음 날 이석제는 최고회의 회의실에 석방된 기업인들을 모아 놓고 엄포를 놓았다고 한다.

차고 있던 큼지막한 리볼버 권총을 뽑아 들더니 책상 위에 쾅 소리가 날 정도로 내려놓고는 이런 말을 했다고 한다.

"나는 여러분들을 석방시키는 일에 반대했습니다. 그런데도 박 부의장께서 내놓으라 하니 내놓습니다. 그러나 앞으로 원조 물자·국가 예산으로 또 다시 장난치면, 내 다음 세대·내 후배 군인들 중에서 나 같은 놈들이 나와서 다 쏴 죽일 겁니다." — 『호암자전』

6월 29일 아침, 이병철이 묵고 있던 메트로 호텔을 찾아온 이병희 정보부 분실장은 기업인들이 전원 석방되었다고 알려 주었다. 이병철도 홀가분한 마음으로 귀가했다. 박정희의 유연한 정신세계와 겸손한 자세, 그리고 사심私心이 없는 태도가 그로 하여금 단기간에 경제의 본질을 배우게 했다. 실천력을 중시하는 박정희는 이론에 치우치는 학자나 신중한 관료들보다는 무엇인가를 만들어 내는 기업인들과 더 잘 호흡이 맞게 된다. ─趙甲濟

☞ 링글만의 능률 실험

링글만이라는 사회학자는 공동작업 · 공동분배에 대한 관심이 많았다. 그래서 여러 계층의 사람들을 대상으로 공동작업에 대한 실험을 했다. 실험 대상을 한 자리에 둥그렇게 앉게 하고 종이 접기를 주문했다. 처음에는 자기가 접은 종이를 자기 앞에 놓인 개인 바구니에 집어넣게 했다. 일정 시간이 흐른 뒤에 각자가 접은 종이를 전부 합산하여 작업량을 측정했다. 다음 날에는 같은 작업을 하는데, 각자가 접은 종이를 가운데 공동 바구니에 넣도록 했다. 전날과 같은 시간의 작업이 끝난 다음 역시 작업한 결과를 합산하여 작업량을 측정 · 비교했다.

그랬더니 접은 종이를 같은 바구니에 넣도록 한 작업량이 각자 자기의 바구니에 넣도록 한 잡업량보다 훨씬 적은 것을 발견했다. 계층별 · 직업별 · 연령별 · 학력별 어느 집단에도 똑같은 결과를 얻었다. 뿐만이 아니라 공동 작업을 하는 인원수가 많으면 많을수록 같은 바구니에 넣은 생산량이 줄어든다는 사실도 증명되었다. 그래서 공동작업은 생산성이 떨어진다는 결과를 발표하고, 이를 본인의 이름을 따서 '링글만 효과'라고 이름 붙였다. 우리나라에서도 도급제가 일급제보다 훨씬 작업량이 많고, 북한에서는 개인 텃밭이 협동농장보다 소출이 훨씬 많은 것을 발견한다. 공산주의가 안 되는 이유가 여기에 있다.

10 시스템의 구조 및 특징

	시스템의 구조	특징 및 예
닫힌 시스템	레벨1: 정태적 구조Static Structure	• 서로 관련성이 있는 연결, 가장 단순하다. • 틀Frame, 골조, 도서목록
	레벨2: 동태적 구조Dynamic System	• 사전에 결정되어 있는 필수적인 작동만 한다. • 단순 반복적 작동 • 기계 장치, 시계
	레벨3: 통제장치/인공 시스템 Control Mechanism/Cybernetic System	• 평형 유지를 위한 자기 조절 시스템 • 일정 프로그램에 의해 움직인다. • 온도조절 장치, 자동 조절 센서 등
열린 시스템	레벨4: 자기유지 구조Self-maintaining Structure	• 비생명체와 구분되는 레벨 • 자기증식과 분화 작용을 한다. • 바이러스, 박테리아 이상 생명체
	레벨5: 유전적/사회적 구조Genetic-Societal Level	• 성장 활동, 유전적 요인에 의한 군집생식 • 식물군락
	레벨6: 동물Animal System	• 성장 활동, 목적을 띤 행위, 자기인식, 기민한 활동성
	레벨7: 인간Human Level	• 자기인식과 언어/상징의 활용 능력을 갖춘 시스템으로 여겨지는 개별적 인간
	레벨8: 사회적 시스템Social System	• 의미 있는 메시지, 가치 체계, 기록을 위한 기호 사용, 정교한 예술적 상징, 복잡한 인간의 정서 등 • 시, 음악, 미술, 인간조직 시스템 등
	레벨9: 초월적 시스템Transcendental System	• 인간의 능력으로 알 수 없는 영역 • 종교

11 시스템적 사고방식의 예

1) 상명하달식 의사결정 방식에서 ➡ 자율을 장려하는 민주적·참여적인 의사결정 방식으로,

2) 상하 위계의 조직 구조와 관료주의적 행태에서 ➡ 수평적인 매트릭스 조직과 성과주의적 행태로,

3) 업무 중심에서 ➡ 기능과 미션 중심으로,

4) 안정과 정착을 위해 노력하는 자세에서 ➡ 변화 감각과 모험, 벤처 정신 및 사업가적 자세로,

5) 경쟁적·공격적 성향에서 ➡ 승패를 초월하는 협동·협력·공생의 성향으로,

6) 사람을 직업에 맞추는 행태에서 ➡ 직업을 사람에 맞추는 행태로, 사고방식이 과거의 기계적 사고방식에서 시스템적 사고방식으로 바뀜.

시스템이 실행되는 원리는
단순하다

알바트로스Albatross, 信天翁는 현존하는 새 중에서 가장 높이 날고 멀리 나는 새라고 한다. 10kg의 무게에도 불구하고 거의 쉬지도 않고 3,200km를 날 수 있는 비결은 비행 전략과 적은 에너지 소모 때문이다. 이 새는 날갯짓을 거의 하지 않고 글라이딩활강으로 서서히 하강하며, 하늘로 날아오를 때도 바람이 불어오는 방향으로 날개를 높은 각으로 세워 이른바 역학적 비상Dynamic Soaring이라는 테크닉으로 거의 날갯짓을 하지 않고 순식간에 하늘 높이 솟아오른다. 이런 방법이 가능한 것은 몸 크기에 비해 3.5m나 되는 엄청나게 큰 날개 때문이다. 알바트로스의 날개 크기는 이른바 핵심역량Core Competency이라고 할 수 있다. 그런 역량을 지혜롭게 이용하는 비행 전략Flight Strategy 때문에 실제로 알바트로스는 거의 날개를 젓지 않고 멀리 날아가면서도 40년을 산다고 한다. 이런 점은 크기 6cm에, 날개도 아주 작은 벌새Humming bird가 1초에 60번 이상이나 되는 날갯짓으로 엄청난 에너지를 소모하면서 기껏 800km밖에 날아가지 못하는 것과 비교되곤 한다. 그러나 벌새는 엄청난 에너지 소모로 목적지에 도착하면 출발 때보다 거의 3분의 1 수준으로 몸무게가 줄며, 수명도 4년에 불과하다고 한다.

알바트로스의 비행이 시사示唆하는 바는 아주 중요하지만, 의외로 그 이치는 단순하다. 이 새는 핵심역량과 비행 전략을 쓰지 않은 채 쉬지 않고 그 큰 날개를 휘저으며 설령 밤새 비행하더라도, 지치고 힘들어 중간 중간 쉬는 바람에 예상 시간보다 훨씬 늦게 언젠가는 목표점에 도달할 수는 있을 것이다. 이와 마찬가지로 일을 열심히 하는 것도 중요지만, 일만 열심히 한다고 반드시 성과가 나는 것은 아니다. 열심히 일하는 데 그치지 않고, 탁월한 시스템과 핵심역량을 갖추고, 시스템적 사고에 의한 전략을 통해 보다 경쟁력 있게 나아가야 한다는 게 훨씬 더 중요하다는 이야기다.

알바트로스의 비행만큼이나 탁월한 시스템과 핵심역량을 갖추고 시스템적 사고에 의한 전략을 제품 생산 과정에 도입·적용한 도요타는 아주 단순한 원리로 경쟁력의 발판을 마련하여 세계적인 초일류 기업이 되었다.

도요타에서 사용하는 모든 부품 상자에는 어른 손바닥보다 조금 큰 전표가 부착되어 있다. 다 써 버린 부품 상자를 앞 공정이나 납품 업체에 돌려줄 때 함께 가도록 되어 있다. (도요타에서는 이를 간판看板 방식이라 부른다.)

부품 업체에 대한 생산 지시서 역할을 하기 때문이다. 물론 지금은 컴퓨터에 입력해 시스템화되어 있다. 간판을 보면 앞 공정에서 사용한 부품의 수량을 알 수 있어, 뒤 공정에서 얼마만큼의 부품이 언제 필요한지 금방 파악할 수 있다. 그래서 공장 여기저기 잔뜩 쌓아 놓은 재공품 및 부품 재고가 사라지고, 불필요한 재고 비용이 제로가 된다. 필요한 만큼의 부품만 상자에 담아놓고 조립하면 되는 것이다. 그 과정에서 조금이라도 불량 부품이 공급되면 조립 중인 생산 라인 전체가 중단되기 때문에, 부품 공급업자에게 품질에 대한 경각심을 불러일으키는 효과도 가져온다. 이른바 JIT just in time 이다.

JIT는 무슨 거대한 시스템이 아니다. 말 그대로 필요한 물건을, 필요한 시기에, 필요한 장소에 갖다 놓도록 하는 것이다. 하지만 제시간에 필요한 부품이 필요한 생산 라인에 입고되지 않으면, 전체 생산 라인에 차질을 빚기 때문에 이 시스템은 아주 중요하다. JIT를 운영하기 위해서는 부품 공급업체와 철저한 사전 협의와 관리가 필요하다. 도쿄東京 나고야名古屋 간 도메이東名 고속도로의 도요타 시市

인터체인지에서 매일 같이 대형 트럭이 장사진을 이루던 것도 모두 작업 시간에 맞춰 부품을 제때 납품하기 위한 것이었다.

도요타는 생산 라인이 원활하게 돌아가도록 하기 위해, 본사뿐만 아니라 부품 업체에 대해서도 도요타 간판 방식과 JIT를 바탕으로 시스템화한 TPSToyota Production System를 전파했고, 그리하여 전반적인 도요타의 경쟁력을 키워 갈 수 있었다.

시스템이 실행되는 원리는 이렇게 아주 단순하다. 한마디로 말하면 정교한 시스템과 핵심역량을 갖추고 시스템적 사고에 의한 전략을 통해, 경쟁력을 강화·증진하는 것이다. 현재 가지고 있는 핵심역량을 최고 수준으로 끌어올리기 위해 시스템적 사고에 의한 전략이 필요하다는 원리다. 무조건 일만 열심히 하도록 하는 것이 아니라, 핵심역량을 활용하여 최소의 시간과 비용으로 최고의 효과를 가져 오게 하는 전략이다. 그래야만 이윤 창출이 성과 극대화로 이어지고, 그 연장선상에서 지속가능경영이 '함이 없이' 자연스럽게 달성되는 것이다.

☞ **In a day when you don't come across any problems, you can be sure that you are traveling in a wrong way.** - Swami Vivekananda -
하루 종일 아무런 문제에 부닥치지 않는다면 잘못된 길을 걷고 있는 것이다.

시스템과 시스템적 사고가
최고의 경쟁력이다

얼마 전, 캠퍼스를 가로지르다 말고 뒤를 돌아보며 환하게 웃는 건실하게 생긴 청년이 "실수를 하면 인정할 줄 아는 사람, 약속을 하면 반드시 지키는 사람, 원칙을 늘 지키는 예측 가능한 사람, 그런 사람이 믿을 수 있는 사람입니다"라고 말하는 CF가 있었다. 그 CF가 한동안 화제로 떠올랐던 이유는 '원칙을 늘 지키는 예측 가능한 사람'이 '신뢰'를 얻을 수 있다는 공감대 때문이었다. 우리가 시스템을 만들고, 또 목표를 달성해 가는 이유 중의 하나는 예측 가능한 미래를 만들기 위해서라고 이야기할 수 있을 것이다. 그럼 어떻게 해야 예측이 가능한 미래를 만들 수 있는 것일까?

시스템적 사고로 사물의 본질을 보고 원리적으로 접근하여 단순하고 간결하게 인식하고 균형적으로 쉽게 풀어 가는 것이 최선의 방법일 것이다. 시스템 즉, 원리·원칙과 시스템적 사고 및 이에 의한 가치판단이, 시스템경영의 근본 바탕이라고 할 수 있다. 시스템은 기업이나 공공조직 차원에서 필요한 준거 기준이나 규칙 및 메커니즘이라 할 수 있지만, 개인적으로도 반드시 필요한 것이다. 왜냐하면 개인도 여느 조직과 마찬가지로 뚜렷한 행동의 기본 원리와 원칙 그리고 전문화·차별화된 전략으로 경쟁력을 가져야 하는 존재이기 때문이다. 하지만 대부분의 사람들은 자신이 하루 중 대부분의 시간을 시스템 속에서 생활하며, 그 시스템에 의해 안전과 편리를 추구하고, 그런 시스템과 상호의존 관계에 있으면서도 시스템이 왜 필요한지를 자각하지 못한다. 그리고 보면 우리는 365일 스스로 시스템을 운영하며 살아간다고 해도 과언이 아닌 셈이다. 신호등의 빨간 불이 켜지면 멈추고 파란 불이 켜지면 건너는 것도 시스템이고, 길을 걸을 때 우측통행 하는 것도 시스템이다. 2~3분마다 도착하는 지하철도 시스템이고, 전기가 들어오고, 와이파이가 터지는 것이 모두 시스템이다. 심지어는 하루의 사소한 일상도 모두 시스템이다. 그런 일상적인 시스템뿐만 아니라, 습관이나 성격도 시스템에 해당된다. 다시 말해 철저하게 자기관리를 잘하는 사람들은 시스템적인 사고와 처신으로 일상생활을 잘 영위하는 사람들이다. 예를 들면 절대로 인사불성人事不省이 될 때까지 술을 마시지 않고 몸과 마음을 바르게 유지한다든가, 주말에는 반드시 등산을 하며 몸과 마음을 튼튼하게 유지한다든가, 한 달에 한 권 이상의 전문 서적과 교양 서적을 읽는 자기만의 원칙을 지킨다든가 하는 모든 것들이 시스템적인 사고와 행동인 것이다. 이렇게 자기류의 시스템적인 일상생활을 잘하는 사람은 다른 사람들에게 신뢰감을 준다. 그것은 사회생활을 잘해 나가고 대인관계를 맺는 데 아주 우월한 이점이 된다. 가령 취할 때까지 술을 마시지 않는 사람은 상대로 하여금 쓸데없이 술을 많이 마시고 실수를 하지 않는다는 믿음을 갖게 한다. 주말마다 전국의 산을 오르며 운동을 하는 사람은 적어도 체력이 부실하다는 생각은 들지 않게 한다. 또한 수불석권手不釋卷의 자세로 늘 책을 가까이 하는 사람에게 읽을 만한 책을 추천해 달라고 하면 곧바로 기대하는 수준의 답을 줄 것이다.

시스템과 시스템적 사고와 이에 기초한 가치판단은 기대를 가지고 필요로 하는 자에게 결코 실망을 안기지 않는다. 바꿔 말하면 그중의 하나가 바로 예측 가능성일 것이다. 예측 가능한 미래가 중요한 이유는 불확실한 미래를 어느 정도 대비할 수 있게 해 주며, 그리하여 보다 안정적이고 확실한 결과를 얻을 수 있게 해 준다는 데 있다. 한치 앞도 모르는 미래를 예측하고 미리 대비할 수 있다는 것은 남보다 우월하다는 이야기가 될 수 있다. 우월한 조건을 가진 사람이나 조직은 성공할 확률이 높다. 우리는 예측 가능한 수치와 목표와 현실을 위해 시스템을 만들고 작동시킨다. 그러면 그 시스템은 누구도 따라오기 힘든 차별화된 전략이 되고, 특별하고 유용한 실행 수단이 된다. 그런 전략이나 수단은 조직 속에서 빛을 발하게 되며, 그런 전략과 수단을 구사하는 사람은 남보다 더 능력을 인정받고, 흔히들 이야기하는 출세도 먼저 하게 될 것이다.

사회에서 이와 같이 시스템적인 사고에 숙달되어 있어 자기관리를 잘하는 사람이 인정받고 신뢰받듯이, 조직에서는 구성원의 시스템적인 사고 능력과 자질을 어떻게 증강·배가시켜 활용하느냐에 따라 그 성패 여부가 좌우된다고 할 수 있다. 어떤 조직이건 시스템적인 사고로 구성원의 역량과 성과를 잘 관리하고, 주인의식과 일에 대한 열정을 최대한 고취시켜 성과를 극대화시키는 조직이 성장하고 발전한다. 그러므로 구성원을 어떻게 관리하느냐 하는 것도 시스템적 사고로 접근해야 효율적이고 효과적으로 될 수 있는 것이다.

☞ 제비꽃은 제비꽃답게 피면 된다.
　진주에도 상처가 있다.
　별을 보려면 어둠이 꼭 필요하다.
　시간이 없을 때 오히려 시간이 있고, 바쁠 때 더 많은 일을 한다.
　항구에 있는 배는 안전하지만, 그것이 배를 만든 이유는 아니다.
　돈은 바닷물과 같아서 마시면 마실수록 목이 마르다.
　잠은 새우잠을 자더라도, 꿈은 고래 꿈을 꾸어라.
　목표를 세우면 목표가 나를 이끈다.

3

시스템경영
실현을 위한
벤치마킹

장수 기업과
초일류 기업을 벤치마킹하라

▶▶▶ **성공한 장수 기업 듀폰DuPont 벤치마킹**

1990년, 《포춘》이 미국의 500대 기업 가운데 2010년까지 살아남을 수 있는 기업으로 꼽은 곳은 불과 121개 사였다. 그것은 전체 기업의 25%밖에 되지 않는 수치였다. 비교적 정부의 규제가 극히 적어 기업 경영 활동이 자유로운 미국에서도 새로 탄생하는 기업 중 57%가 5년을 넘기지 못하는 현실을 감안한다면 그리 놀라운 결과는 아니다.

우리나라 역시 기업의 수명이 짧기는 마찬가지다. 2011년, 대한 상공회의소가 발표한 보고서에 따르면 300만 개가 넘는 중소기업의 평균수명은 12.3년이었다. 대기업의 경우도 29.1년에 불과했다. 지금 한창 뜨고 있는 기업도 30년 뒤에는 존립을 장담할 수 없다는 이야기다. 결국 급격하게 변화하는 경영환경에 적절하게 대처하고 적응하는 기업은 살아남고, 그렇지 못한 기업은 도산하는 것이 기업계의 비정한 논리인 것이다.

그렇다면 100년 이상 존속하는 장수 기업들은 도대체 어떤 비결을 가지고 있기에 그렇게 오래도록 망하지 않고 살아남을 수 있는 것일까? 해답부터 말하자면 끊임없는 변화와 혁신이다. 널리 알려진 장수 기업 대부분이 환경 변화에 능동적으로 대처하고 변신하며, 대변혁에도 의연하고 과감했던 것은 우연히 생긴 공통점이 아니다. 그들은 체질 개선 특히 새로운 인적역량을 확보하고 관리 시스템을 혁신하는 데 민감하고 줄기차게 경영역량을 기울였던 것이다.

기업의 수명[12]이 중요한 이유는 그것이 기업의 성장과 발전, 리더와 구성원, 경영 원칙과 성과 등 기업이 추구하는 모든 것을 가늠하게 하는 척도이기 때문이다. 그 모든 것은 기업의 수명과 직결된다. 기업이 성장·발전하지 못하고, 리더의 역량이 부족하며, 기본과 원칙이 무너진 곳에서 성과가 제대로 나올 수 없다. 성과 없는 기업은 더 이상 존속할 수는 없는 것이다.

하지만 적극적으로 혁신과 변화를 주도하는 기업이라면 얼마든지 수명은 길어진다. 200년 넘게 초일류 기업으로 수명을 이어온 미국의 듀폰DuPont 사가 그 대표적인 예다.

미국의 듀폰 사는 1802년 데라웨어Delaware 주, 윌밍턴Wilmington
에 흑색 화약 공장을 건설하면서 화약 전문 제조 회사로 출범했다.
이후 1850년대부터 캘리포니아에서 금광이 발견되고 골드러시와
함께 서부 개척이 본격화됨에 따라, 새로운 화약 개발로 꾸준한 성
장을 이루어 갔다. 그러던 중 세계대전의 발발로 화약 주문이 폭주
하면서 막대한 비용으로 생산 설비를 많이 확충했으나, 전쟁이 종
료되면서 그 여파로 경영상의 부담을 크게 안게 되었다.

듀폰 사는 이러한 어려움을 극복하고자 다각화 전략을 썼다.
1920년대부터 자동차 산업의 발전에 맞추어, 페인트·합성고무·나
일론 등 화약 이외의 분야로 사업을 추진해 갔던 것이다. 하지만 새
로 시작한 사업들에서 앞서 가는 경쟁사들과는 달리 이익을 쉽게
내지 못하자 원인 규명에 나섰고, 조직 구조와 관리 시스템에 문제
가 있음을 알게 되었다. 그동안 주력해 왔던 화약 분야 단일 사업
을 위한 조직 구조와 시스템으로는 다각화된 사업의 계획·운영·통
제·평가 등 효율적인 경영관리가 불가능했던 것이다. 이에 따라 제
품 특성에 맞게 모든 직능을 사업부 독자적으로 수행하게 하는 사
업부제를 도입·시행했으며, 업적 평가에도 투자수익률법[13]을 개
발·시행함으로써 경영 위기를 극복할 수 있었다.

듀폰 사는 2004년 또 한 번의 변혁을 시도했다. 전체 매출의 4분의
1에 해당하는 섬유 사업을 매각하고, 옥수수와 콩을 선택했다. 향후

식량 관련 산업이 성장할 것이라는 판단에서였다. 그러한 변혁을 감행할 당시, 듀폰 사는 200년 역사에서 가장 큰 도박을 감행한다는 소리를 들어야 했다. 합성섬유나일론 사업은 전체 매출의 4분의 1에 달할 정도로 비중이 높은 분야였기 때문이다. 하지만 현재 듀폰 사의 농업 부문 매출은 전체 매출360억 달러의 30% 이상을 차지할 정도로 성장했다. 이와 같이 듀폰 사의 기업 수명은 단순히 연명하는 수준이 아니다. 새로운 인적역량을 확보하고 끊임없는 과학적 탐구 정신으로 관리 시스템을 혁신하는 데 초점이 맞춰져 있었다. 시대 조류와 환경 변화에 유연하고 탄력적으로 대응한 결과, 성장·발전을 거듭할 수 있었고 200년 이상 세계적인 초일류 기업으로 건재할 수 있었다. 결국 그것이 듀폰 사의 경영 지도와 수명 그래프를 바꿔 놓은 셈이다.

  기업의 수명이 짧다는 것은 여러 가지로 손실이 크다는 것을 의미한다. 국가나 사회적으로도 그렇고, 개인적으로도 그렇다. 그렇게 따지고 보면 창업보다 더 어려운 것이 수성守城이다. 기업이 계속 기업으로 존속하느냐 못하느냐는 급변하는 경영환경에 제대로 적응하여 대응하느냐 못하느냐에 달려 있다. 제대로 대응하는 기업은 생존하고, 그렇지 못하는 기업은 몰락할 수 밖에 없다. 이런 생존과 몰락을 결정짓는 것은 바로 경영 성과다.

  2014년 우리나라 중소기업연구원의 '장수 기업 육성을 위한 정책적 지원 방안' 보고서에 따르면, 30년 이상 존속해 온 기업이 30년 미만 기업보다 안정성·생산성·성장성이 더 좋게 나왔다. 장수 기업은 전체 기업 중 6.6%에 불과했지만, 매출액 상위 기업의 절반가량이 그들 기업인 것은 주목할 만하다. 장수 기업의 조건이 지속적으로 높은 경영 성과를 창출해 내는 데 있음을 여실히 말해 주는 것이다. 지속적인 높은 성과는 장수 기업으로 성장할 수 있는 필요충분조건이자 기업의 목적이다. 뿐만 아니라 조직 구성원의 존재 가치를 근본적으로 높일 수 있는 유일한 방법이기도 하다. 물론 그 바탕에는 경영의 기초인 '사람과 시스템'이 튼튼하고, 경영의 기본인 '운영 시스템'이 효율적이어야 한다. 그렇지 않은 기업이 '지속적인 높은 성과'를 추구한다는 이야기는 입으로만 외치는 공염불^{空念佛}이며 헛된 바람[願望]에 지나지 않을 뿐이다.

▶▶▶ 국내 초일류 기업 삼성/현대 벤치마킹

초일류 기업은 그렇지 않은 기업의 경영 스타일과 조직 문화 측면에서 많은 차이가 있음을 알 수 있다. 1990년대 우리나라 재계 순위 선두 다툼을 벌이던 삼성과 현대는 경영 스타일이나 기업 문화가 서로 판이하게 달랐음에도 불구하고, 세계적인 초일류 기업으로 성장·발전할 수 있었음을 통해 많은 교훈과 시사점을 얻을 수 있는 대표적인 사례라고 할 수 있다.

삼성은 제조업에서 출발해 이를 바탕으로 성장·발전한 기업이라는 특성 때문에, 사원 채용 역시 규격화된 공정 흐름의 특성에 맞게 일정한 시기에 일정한 규모로 이루어지는 것이 특징이다. 교육 및 훈련도 영위하는 제조업의 특성에 맞게 부문별·공정프로세스별로 표준처리 절차SOP, Standard Operating Procedure 중심으로 실시된다. 모든 업무는 계획에 의거해 구매·생산·판매 등의 직능 업무가 제대로 집행되고 있는지 점검·확인하는 관리자Commanding Post 중심의 중앙 집중식 관리 체제를 유지한다. 그렇다 보니 당연히 결과가 중요할 뿐만 아니라, 그에 못지않게 과정도 매우 중요시하는 '시스템에 의한 관리'가 조직 전체에 뿌리내리게 된 것이다. 그렇기 때문에 그 저변에 '인재 제일'을 표방하고 공정한 인사를 지향하며 '사람과 시스템'을 중시하는 관리 스타일이 깔리게 된 것이다.

이처럼 '인재 제일'을 표방하는 것은 우수 인재를 확보하려는 삼성의 지대한 노력이 뒷받침된 것이다. 확보된 인재는 역량 강화를 목표로 집중적인 교육과 훈련을 받게 된다. 일종의 투자다. 조직의 성장과 발전에 기여하는 인재는 과감하게 발탁하고, 그렇지 않은 구성원은 냉정하게 도태시키는 인사 관행도 우수 인재 확보라는 측면에서 큰 비중을 차지하고 있다. 이처럼 공정한 인사를 지향한다는 것은 능력주의·적재적소·신상필벌의 인사 원칙에 따라, '역량 위주의 인사관리'와 '성과 위주의 보상관리'를 하고 있음을 의미한다. '기업은 사람이다'라는 인본주의 사상을 바탕으로, 철저히 '사람과 시스템'을 중심으로, 계열사 차원의 자율경영과 그룹 차원의 통합 운영을 아우르는 '자율과 통합을 지향하는 기업'으로, 그 수준은 가히 세계적이라는 평가를 받고 있다.

현대는 건설업에서 출발해 이를 바탕으로 성장·발전한 기업이다. 건설업은 건설 현장이 많고, 토목·건축·전기·설비 공사 등 실로 다양한 직능 업무가 단독 혹은 복합적으로 어울려서 장기간의 공사 기간을 필요로 하는 특성 때문에, 본사에서 모든 것을 세세하게 지휘하고 통제하기가 어렵다. 그렇다 보니 현장 책임자의 권한과 자율에 맡기는 체제를 선택했다. 사원을 채용할 때도 공사 현장의 상황에 따라 수시로 채용하고, 채용 분야와 교육·훈련 및 전배·보직의 인사 조치도 현장 중심으로 필요에 따라 그때그때 이루어진다. 따라서 본사에서 그러한 모든 인력관리를 표준화하고 체계적으로 정형화하여, 중앙 집중식으로 관리하고 통제하기는 현실적으로 어렵다.

실질적으로 본사의 세부적인 관리와 통제가 어려운 건설 현장의 경우, 돌발 상황이나 예측하기 힘든 어려운 문제가 발생할 때 순발력과 창의력이 동시에 요구되는 등 상대적으로 현장 책임자의 권한과 책임에 의존할 수밖에 없다. 따라서 인사관리 측면에서도 관행보다는 문제 해결 능력과 창의력이 뛰어나고, 과정보다는 결과를 더 중시하는 성과주의나 업적주의에 능能한 현장 책임자 중심의 '사람에 의한 관리'가 자리잡게 된다. 그래서 현대는 기업가 정신이 충만하고, 관행에 구애받지 않고 현안 과제를 신속하고도 완벽하게 해결할 수 있는, 돌파력과 창의력이 풍부한, 말하자면 능수능란能手

能爛한 해결사 스타일의 경영자가 많이 배출되는 것이다.

이렇게 관리 스타일이 전혀 다른 삼성과 현대는 역시 기업 문화 측면에서도 현격한 차이를 보이고 있다.

삼성은 대체로 깔끔하고 단정하며, 보수적이고 신중하면서 깊이 생각하고 판단하는, 세련되고 조금은 내성적인 듯한 기업문화를 갖추고 있다. 비유하자면 미감유창美感流暢의 질서정연한 매스게임형 포크댄스를 추는 모습이라고 할 수 있다. 조직 운영 및 업무 추진 방식은 조직적이고 체계적이며, 모양과 과정을 중시하고, 기획과 전략을 우선으로 하는 기획·관리형이라고 할 수 있다. 또한 엄격한 규율 속에서 협동과 조화를 추구하며, 견제와 균형이 전제된 조직 운영 스타일이라고 평할 수 있다. 조직 분위기 역시 다분히 교과서적이다. 이는 딱딱한 조직 운영 스타일에서 기인한 것이라고 볼 수 있다.

삼성은 항상 남의 말에 귀를 기울이라는 경청傾聽이나, 벤치마킹先進指標·제일주의 및 완벽주의·무한 탐구·반성反省 등을 중시한다는 점에서 다분히 관행을 중시하고 보수적이면서도 위기의식이 충만한, 혁신 지향·발전 지향의 기업 문화를 가지고 있다고 할 수 있다.

반면에 현대의 기업 문화는 기존에 정해져 있는 룰rules이나 관행대로 단순 반복적으로 따라하기보다는 수시로 급변하는 주변환경과 여건에 맞춰 전에 없는 독창적인 방법으로 대응해 나가는, 투박하고 검소하면서도 모험적이고 파격적이라고 할 수 있다. 비유하자면 농부들이 역동적인 꽹과리 탈춤놀이를 한판 신명나게 벌이는 모습이라고 할 수 있다. 조직 운영 및 업무 추진 방식은 일에 대한 열정이 넘쳐 나며, 다분히 직관에 의한 직선적이고 임기응변적이면서도 실질을 중시하고, 거침없는 해법과 실험 정신을 우선으로 하는 개척형이라고 할 수 있다. 또한 꾸밈이 없고 허세를 부리지 않으면서도 실리를 위해서는 관행에 구애받지 않는 자율과 창의로 문제를 성공적으로 해결해 나가는 조직 운영 스타일이라고 평할 수 있다. 다분히 모험적이고 저돌적猪突的인 조직 문화라고 볼 수도 있겠으나, 최고·최강·도전·돌파력·성취 등을 추구한다는 점에서 성취지향의 진취적인 기업 문화라고 말할 수 있다.

기업의 경영 스타일과 조직 문화는 리더의 성격이나 스타일에 따라 달라질 수 있으며, 그들의 경영관리 방식에서 많은 영향을 받는다. 회사마다 경영 스타일과 조직 문화가 다른 것은 그 때문이다. 같은 회사임에도 불구하고 리더가 바뀌면서, 경영 스타일과 조직 문화가 달라지는 경우도 많다.

일례를 들면 애플이 그렇다. 애플은 2011년 스티브 잡스가 타계하면서 새로운 리더인 팀 쿡 체제로 바뀌었다. 그러면서 자연스럽게 애플의 경영 스타일도 달라졌다. 창조적이고 카리스마 넘치는 스티브 잡스는 다소 독선적인 경영 스타일을 보였지만, 팀 쿡은 자신의 의견보다는 트렌드와 시장조사에 좀 더 적극적으로 관심을 기울인다. 자신의 감성과 디자인에 대한 소신을 좀처럼 굽히지 않고 밀고나갔던 스티브 잡스와는 달리, 팀 쿡은 안정적이고 논리적인 경영 스타일을 추구한다. 두 사람은 자사 제품의 시장점유율에 대한 생각에서부터 다른 견해를 보인다. 잡스가 시제품을 경쟁사보다 일찍 출시해 시장 선점으로 절대적인 시장점유율을 목표로 하고 점유율 하락엔 별로 신경 쓰지 않는 스타일이라면, 팀 쿡은 시장점유율을 지키기 위해 낮은 이익률도 마다하지 않는 스타일이다. 소형 태블릿 PC인 '아이패드 미니'를 바라보는 시각의 차이는 두 사람이 얼마나 다른 경영 스타일을 가지고 있는지를 단적으로 보여준다. 잡스는 생전에 7인치대 태블릿 PC에 대해 매우 부정적이었다. 삼성이 갤럭시 탭 7인치를 출시할 것이라는 소식을 접한 잡스는 "시장에 나오자마자 사망할 것"이라는 말을 했다고 한다. 하지만 쿡은 그런 잡스와는 반대로 아마존·구글·삼성 등이 7인치대 태블릿을 잇따라 출시하자, 그에 대한 반격으로 아이패드 미니를 내놓았다. 이처럼 조직의 리더가 누구냐에 따라 경영 스타일도 바뀔 수 있는 것이다. 그리고 경영 스타일에 따라 얼마든지 조직 문화도 달라질 수 있다.

기업 문화는 크게 사람 중심의 기업 문화와 시스템 중심의 기업 문화로 나뉜다. 사람 중심의 기업 문화는 시스템 중심의 기업 문화에 비해 상대적으로 불안정하고 수명도 짧다. 사람 중심의 기업 문화, 다른 말로 바꾸어 스타플레이어 중심의 기업 문화는 스타플레이어가 사라지면 그가 발휘하던 탁월한 역량과 업무 스타일 등이 시스템화되고 조직 내부에 스며들어 재현되도록 하는 것이 쉽지 않기 때문이다. 삼성의 경우는 시스템 중심의 기업 문화를 가지고 있기 때문에, 설령 CEO가 바뀌더라도 그 자체로서 업무 처리 스타일 등에 상당 기간 연속성을 지니고 맥을 유지할 수 있다. 이는 마치 정해진 고도高度를 잡은 비행기가 엔진 고장을 일으키더라도, 상당한 거리를 글라이딩활강하며 가고자 하는 방향으로 서서히 하강하면서 안전하게 착륙할 수 있는 것과 같은 이치다.

결론적으로 말하자면 경영 스타일이나 기업 문화는 업무 프로세스·제품·서비스·구성원의 태도 등에 지대한 영향을 미친다. 한 가지 중요한 것은 사람과 조직 중심의 '시스템에 의한 관리' 스타일이든, 현장 책임자 중심의 '사람에 의한 관리' 스타일이든 간에, 그것이 바람직하고 성장 지향적인 영향력이 되기 위해서는 반드시 재현성再現性이 높아야 한다는 것이다. 그렇지 않다면 마치 앰플ampoule 주사처럼 단기간에 그치는 반짝 효과를 낼 뿐, 성장 동력으로 내재화內在化되어 기업의 존속·발전으로 이어질 가능성이 낮다.

---

12 기업은 인간에게 부여된 법적 지위를 유사하게 향유할 수 있도록 의인화된 법적法的 인간人間, 즉 법인이다. 그러므로 생물학적 존재로서의 인간과 똑같은 생노병사生老病死의 프로세스를 가진다. 다만 인간 및 기타 생물과 다른 점은 생리적인 수명이 없다는 점이다. 이 점 때문에 기업은 변화를 수용하고 적응하여 차별화 경쟁에서 이겨 나가면, 대代를 이어가며 불멸不滅, Sustainability이라는 특권을 누릴 수 있게 되는 것이다.

13 ROI란 미국의 듀폰 사가 최초로 사용한 것으로 영업 이익을 투자액으로 나누어 계산한 수익성 지표이며, 투자된 자본 한 단위가 획득한 영업 이익의 비율을 나타낸 것이다. ROI를 계산하려면 투자에서 얻는 순이익을 투자자산의 순가치로 나누고, 그 결과를 백분율로 나타낸다.

탁월한 기업 리더 벤치마킹

조직의 지속적인 성장·발전을 위해 리더가 해야 할 가장 중요한 역할은 무엇일까? 그것은 구성원이 일을 더 잘할 수 있도록 도와주는 것이다. 이제는 논리와 이성이 지배하던 시대에서 바야흐로 구성원의 감성을 최대한 활용해야 하는 시대로 바뀌어 가고 있다. 따라서 소통疏通이 중요한 이슈로 등장하고 있다. 이러한 시대 흐름에는 그에 맞추어 소위 크라우드 소싱Crowd Sourcing 방식으로 구성원 최대 다수의 중지衆智를 결집하여, 집단 지성을 재고하는 진취적인 프로세스를 구축함으로써, 변화와 혁신을 성공적·지속적으로 추구해 나갈 수 있는 것이다. 삼성의 창업자 이병철 전 회장은 이러한 중지 결집 방식으로 보다 나은 해법을 모색하는 과정에서 알게 모르게 컨센서스가 이뤄지도록 했던 것이다.

이 전 회장이 계열사 사장들과 대면하며 '뭐하고 있노? 문제가 뭐꼬? 우예 할래?'라는 이 세 가지 물음으로, 주요 현안 과제의 실상과 본질을 파악하고 확인·조율한 것은 그러한 맥락에서 아주 적절한 사례로 꼽힌다.

예컨대 이 전 회장은 특유의 거두절미去頭截尾하는 식의 간결한 말투로 '요즘 뭐하고 있노?'라고 물으면, 계열사 사장들은 가장 관심 있는 역점 사업이나 핵심 사안 두세 가지 정도를 간략하게 설명한다. 그리고 어느 정도 조율이 되고 의견이 통한다고 생각되어 '문제가 뭐꼬?'라고 질문하면, 대소大小·완급緩急·경중輕重을 가려 현안 과제 중에서도 가장 중요하고 어렵고 시급한 문제점을 간결하게 보고한다. 그리고 나서 경영진이 주제를 옳게 파악하고 문제점을 제대로 인식하고 있다고 판단되면, '우예 할래?'라고 물으며 해결에 대한 방안을 날카롭게 추궁했다. 이러한 과정에서 허점이 보이거나 모범 답안이 제시되지 못하면 따끔한 질책이 뒤따랐다. 말하자면 일을 진두지휘하기보다는 하도록 하는 사역使役형의 전략가 스타일의 리더였다. 이와 같이 이병철 전 회장은 현업에 이것저것 시시콜콜 간여하지 않으면서도, 전체 주요 현안의 핵심과 문제점을 짧은 시간에 파악하고 조율했던 것으로 유명했다.

현대의 정주영 전 회장 역시 그의 경영 노하우와 성품이 담긴 '뭐? 안 된다고?', '무슨 말이야?', '해 보기나 했어?'라는 유명한 세 마디를 남겼다.

정 전 회장은 계열사의 문제 사업 현장에 직접 출현하여, 타이밍을 놓치지 않고 해결책을 제시하는 솔선수범의 지휘형 리더였다. 그는 관행에 구애되지 않는 임기응변의 기상천외奇想天外하고 신기묘산神技妙算의 창의적인 해법을 제시Solution Provider하여, 현안 과제를 완벽하게 해결할 수 있도록 진두지휘했다. 그 일례로 서산 간척지 사업에서는 아무도 생각해 내지 못한 대형 폐유조선을 활용해, 바닷물의 거센 흐름을 차단하여 공기를 단축하고 공사비를 절감했던 사례는 유명한 성공담으로 회자되고 있다. 이를 비롯해 수많은 경영 신화를 이룩했던 정 전 회장은 거침없이 격식을 초월하는, 독창적이고 실질적이면서 탄복할 만한 해법을 제시해 준 대단히 모험적이고 도전적인 리더십의 표본이었다. 하지만 그럼에도 불구하고 그의 탁월한 통찰력과 경영 감각이 조직 내에 유지·계승되어 심화·발전되고 확산되도록 시스템화하는 데에는 좀 더 심도深度 있는 연구와 체계화가 뒤따라야 한다는 평가다. 사람은 가도, 남는 것은 결국 시스템이기 때문이다.

조직의 성장과 발전은 구성원이 만들어 내는 성과에 좌우된다. 또 그 성과는 구성원의 주인의식과 일에 대한 열정 그리고 조직 문화에 따라 크게 좌우된다. 그리고 구성원이 얼마만큼의 성과를 창출할 수 있느냐 하는 것은 리더의 역할이나 스타일에 아주 많은 영향을 받는다. 그러므로 리더는 조직이 최적화된 정교한 시스템을 갖추고, 그것이 조직 내에 효율적·효과적으로 활용되도록 해야 한다. 날이 갈수록 발전되고 환경 변화에 발맞추어 진화되도록 해야 하며, 구성원의 몸과 마음에 실질적으로 배어들도록 리드해야한다.

가장 성공적이며 발전적이고 미래 지향적인 조직은 역량과 성과가 뛰어난 구성원이 설령 갑자기 조직을 떠나더라도, 조직 내에서 합의된 공통의 기준과 절차 등 이른바 시스템과 시스템적 사고에 의해 경영 성과가 끊임없이 유지·강화될 수 있는 곳이다. 그리고 어떤 구성원이 새로 조직에 합류해 오더라도, 짧은 시간 내에 기존 시스템을 소화·흡수하여 진보·발전시킬 수 있도록 뒷받침해 주는 정교한 관리 시스템을 갖춘 곳이다. 그래서 누구나 자신이 가진 역량을 최대한 발휘할 수 있도록 하는 프로세스 구축이 가능한 조직이다. 구성원의 성과는 단순히 개인적인 차원에서 이루어지는 것이 아니다. 시스템화된 조직의 역량에서 나오는 것이다. 조직 구성원 개개인의 노력과 프로세스가 정교하게 체계화되어 만들어 내는 시스템이 살아 움직이는 것, 그것이 바로 조직의 혁신과 발전의 근간인 것이다.

북미와 남미의
국가경영 벤치마킹

'건강해지려면 운동을 꾸준히 해야 한다', '등산은 팔다리 근육 운동은 물론 유산소 운동에도 좋다'. 이는 우리 모두가 건강한 체력을 기르기 위해 염두에 두어야 할 내용이다. 하지만 누구에게나 해당되는 사항은 아니다. 기본적으로 기초 체력을 갖추고 있는 사람들에게는 옳은 방법이 될 수 있다. 그러나 그렇지 못한 사람들 예컨대, 기초 체력이 부족한 건강 상실자나 중증 환자가 운동이 몸에 좋다고 하여 갑자기 등산과 같은 무리한 운동을 한다면, 얻는 것보다 잃는 것이 더 많아 무의미하거나 오히려 해가 될 수 있다. 이는 마치 영어의 기본 문법인 부정사의 의미와 용법도 모르는 학생에게 부정사를 취하는 동사와 원형부정사를 취하는 동사가 따로 있다는 것을 가르쳐 준다고 해도 이해하지 못하는 것이나 마찬가지다. 기초가 부실한 학생에게 그보다 상급의 내용을 주입시켜 봤자 머리만 더 혼란스럽게 만든다는 이야기다.

성공한 초일류 기업이나 장수 기업 대부분은 경영의 기초가 되는 '사람과 시스템'이 튼튼할 뿐만 아니라, 경영의 기본이 되는 '운영 메커니즘'이 매우 효율적인 기업들이다. 튼튼한 '사람과 시스템' 그리고 '효율적인 운영 메커니즘'은 기업경영에서뿐만 아니라 국가경영에서도 기초와 기본이 된다.

비슷한 시기에 다양한 인종과 민족이 모여 건국되었음에도, 북미와 중남미가 전혀 다른 양상을 띠고 있는 점은 좋은 사례다.

미국의 역사는 1620년, 순례의 조상들이라고 불리는 영국의 청교도들이 종교적 억압을 피해 메이플라워 호를 타고 낯선 신세계로 건너가면서 시작되었다. 그들은 온갖 악조건에도 굴하지 않고 목숨을 걸고 거친 파도를 헤치며 대서양을 건너 오직 근면과 용기만으로 척박한 땅을 개척해 나갔다. 그러한 개척 정신의 기풍이 배양되어 오늘날 미국의 국민 정신으로 자리잡게 되었다. 정부 주도가 아닌 민간 스스로에 의한 개척 과정은 '자신의 운명은 자기가 책임지고 개척하는 것이며, 어떠한 고난과 위험도 감수하고 자기희생적인 노력을 다해야 한다'는 책임의식을 국민에게 심어 주었던 것이다.

미국이라는 나라를 건국하는 데 지대한 영향을 끼친 리더들 역시 그러한 정신을 고취시키는 데 혁혁한 공을 세웠다. 토머스 제퍼슨Thomas Jefferson, 제임스 메디슨James Madison, 존 애덤스John Adams 등 미국 건국의 아버지들은 유럽에서 흔히 볼 수 있는 종전의 군주 중심 모델을 지양하고, 천부인권이 보장되는 '위대한 미국 건설'에 주력했다. 국가의 존재 이유 역시 그러한 천부인권의 보장에 둠으로써 건국 이념이 지속적인 신념과 가치 체계로 자리잡도록 했다. 또한 모든 법과 제도와 시스템을 구축하는 데 방향타 역할을 하도록 했다. 사회 주류 세력들 역시 '개인주의에 대한 신념'을 토대로 공화제·평등·법치·사유재산·인권·언론자유 등을 구현할 제도와 시스템을 확립하고, '프로테스탄트 윤리를 통해 근면·자조·절약의 도덕적 가치를 전파해 나갔다. 그리고 미국인의 인종적 다양성을 국민적 동질성으로 바꿔 나간 메커니즘은, '민주주의에 대한 이상'과 '인권에 대한 공통의 헌신'이라는 국민적 신조의 확고한 바탕 위에 정책·제도·언어·교육 등 모든 수단을 동원하여 구성원을 시스템의 용광로melting pot에 용해시켜 이들을 동화시키고 공통적인 미국 문화를 만들어 나가는 '미국화' 운동으로 이어지게 한 것이었다.

중남미는 이민 국가라는 점에서 북미와 유사하지만 정치적인 면뿐만 아니라 경제적인 면에서 후진성을 벗어나지 못하고 있다. 그 이면에는 식민지 경제의 종속성이 내재되어 있기 때문이라고 분석된다. 중남미에 진출한 스페인과 포르투갈은 식민지를 단지 본국의 이익을 위해 존재하는 곳으로만 간주했다. 그렇다 보니 그곳에서 생산되는 부富, wealth를 모두 유럽으로 반출하기 급급했고, 본국의 공산품을 식민지에서 수입하도록 강요하는 등 식민지 자체의 산업 발전을 도모하기보다는 본국 중심의 식민지경영에 주력했다. 그렇게 형성된 식민지 경제의 종속성은 독립 이후에도 극복되지 못했다.

미국의 이민자들은 꿈과 이상을 실현하기 위해 낯선 땅에서 자기 위험 부담하에 정착해 살기 위해 이민을 왔지만, 중남미의 정복자들은 금, 은, 보물 등 경제적 이익을 취해 본국으로 돌아가거나 봉건 구조 아래 식민지를 지배하려는 의식이 팽배했다. 새로 진출한 식민지의 장래를 위한 장기적 안목의 국가 건설에 대한 이상과 설계가 없었던 점도 대조적이다.

미국에는 자유와 민주주의라는 건국 정신을 가지고 이를 지키려는 지도자들의 헌신적인 노력이 있었다. 반면에 중남미에는 스페인의 권위주의적이고 봉건적인 정치 구조가 그대로 이식되면서, 자생적인 새로운 가치 체계나 신념이 없었다. 뿐만 아니라 소수의 지배 엘리트가 대중의 지지를 받지 못했고, 통합적인 노력 역시 부족했던 것도 발전을 더디게 했던 이유 중 하나였다. 물론 중남미에서도 식민지 시대 때부터 혼혈을 장려하고는 있었다. 하지만 그것은 국가의 정체성을 확립하고 국민적인 통합을 이루려는 목적보다는 원주민을 평정하기 위한 수단으로 사회적 불평등 구조의 심화를 통해 지배를 용이하게 하려는 것이었다. 다양한 인종과 민족이 모여 있음에도 불구하고 강력한 국가 이념과 전통을 수립하고 이민 정책을 성장의 에너지로 활용하여, 세계 최강 대국으로 성장할 수 있었던 미국과는 확연한 차이가 있었음을 확인할 수 있다.

이처럼 어떤 사고방식과 의식을 가진 사람들이 모여서, 어떤 시스템을 형성하고, 그것을 위해 어떤 노력을 기울이느냐에 따라 국가경쟁력과 국민성도 극명하게 달라진다. 물론 기업경영과 국가경영 스타일이 서로 다르다고 할 때 어느 것이 옳거나 그르다고 속단할 수는 없다. 하지만 각 스타일이 지니고 있는 장점과 단점을 정확하게 분석해서 좋은 점은 극대화하여 받아들이고, 나쁜 점은 최소화하여 소화·흡수하려는 자세와 지혜가 필요하다. 그것이 바로 시스템적 사고이기 때문이다.

성공한 기업이나 국가는 탁월한 리더의 뜨거운 열정과 헌신 그리고 그들 구성원의 도전 정신과 책임의식이 정치·경제·사회·문화 등의 시스템에 용해·융합되어 성장·발전을 거듭해 나갈 수 있었다. 그와 더불어 격변하는 경쟁환경에 발맞추어 배타적인 순혈주의보다는 유능한 인재를 외부로부터 수혈하여 인적역량을 강화시키는 혼혈주의를 택했다. 능력과 성과에 따른 합리적인 처우를 과감하고 차별적으로 해 줌으로써, 더욱더 능력과 성과를 배가시켜 나갈 수 있었다. 그렇게 '사람'에 의해 얻어진 화합의 시너지 뒤에 체계적이며 정교한 '시스템'이 존재했던 사례는 역사 속에서 얼마든지 찾아볼 수 있다.

강력한 리더십과
부드러운 리더십

리더가 가져야 할 덕목 중 첫째는 리더십이다. 그것은 필요충분 조건이자 권한이다. 또한 책임인 동시에 조직이나 집단의 목표를 달성하기 위해 구성원의 활동과 직무를 성공적으로 이끄는 능력이요, 구성원을 일사분란하게 유도하는 자질을 의미한다. 하지만 유능하고 똑똑한 리더라고 해서 반드시 훌륭한 리더십을 발휘한다고 할 수는 없다. 아무리 지식과 지혜가 풍부하고 두뇌 회전이 빠른 리더라고 하더라도 리더십이 없으면 사회나 조직을 잘 이끌어 나갈 수가 없기 때문이다. 물론 어떤 리더십이 정답이라는 고정적인 유형Pattern도 없다. 시대와 환경에 따라서 리더십의 유형도 바뀌기 때문이다. 강력한 리더십으로 존경을 받았던 인물들이 시대적인 격변기나 위기 상황 때 많이 등장했던 것은 우연이 아니다. 그런 의미에서 리더는 시대를 반영하는 거울이라고도 할 수 있다.

강력한 리더십은 다분히 시대적인 요구이기는 하나, 구성원을 일사분란하게 유도하는 등 구성원의 역량 결집을 극대화하여 효율과 스피드를 증진시켜 소기의 목적을 효과적·효율적으로 달성할 수 있다. 그러므로 짧은 기간에 높은 성과를 올릴 수 있다는 확실한 장점이 있다.

반면에 선진화되고 성숙된 사회나 조직일수록 구성원의 자율성을 촉발시키고 강화하는 측면에서 구성원이 자발적으로 일을 주도하면서 얻을 수 있는 즐거움을 반감半減시키거나 억제할 수 있는 문제점과 단점이 있을 수 있다. 때문에 강력한 리더십은 사회나 조직이 강하게 필요로 할 때 유효하다고 할 수 있다.

사회가 성숙되어 구성원의 취향이 하드웨어보다는 소프트웨어 중심으로, 중후장대重厚長大에서 미감유창美感柔創으로, 집단 중심에서 개인 중심으로 바뀌면서 통제성이 강한 강력한 리더십보다는 구성원으로 하여금 자발적으로 참여하여 스스로 즐거움을 창출하고 느끼도록 하는 부드러운 리더십·수평적 리더십·관계 지향형 리더십이 더 각광을 받게 된다. 이에 따라 조직 운영과 일하는 방식도 리더 중심에서 구성원 중심으로, 톱다운top-down 방식에서 바텀업

bottom-up 방식으로 바뀌어 구성원 모두를 포용하고 참여시킬 수 있도록 해야 한다.

그러나 부드러운 리더십은 구성원의 호응도가 높은 장점이 있는 반면, 자칫하면 개인 위주의 자유방임이나 자유롭고 부드러운 오불관언吾不關焉의 자세가 되기 쉬워, 무질서와 비효율의 사회적 비용을 유발하게 될 위험성이 있다.

그러므로 강력한 리더십이 담당하던 역할을 시대정신에 맞추어 업그레이드upgrade된 '사람과 시스템'으로 대체하여, 부드러운 리더십이 제대로 작동될 수 있는 터전을 마련해야 한다. 뿐만 아니라 조직 운영 메커니즘에 성과주의를 확실하게 도입하고 강화하여, 부드러운 리더십이 갖기 쉬운 단점이나 약점이 원천적으로 보완되도록 쐐기를 박음으로써, 구성원 모두가 하나같이 주인의식을 갖고 일에 대한 열정과 몰입도를 자발적으로 높여 나가도록 해야 한다. 이러한 쐐기가 바로 시스템경영에서 말하는 경영의 기초인 '사람과 시스템'이요, 경영의 기본인 '성과주의 운영 메커니즘'인 것이다.

월가의 전설적 투자자인 워렌 버핏과 경영의 달인 잭 웰치는 부드러운 리더십과 강력한 리더십의 아주 좋은 비교 사례라고 할 수 있다. 75개의 자회사를 거느린 최고경영자 워렌 버핏은 구성원에게 시시콜콜 간섭하는 일이 없이 자율성을 최대한 보장해 준 것으로 유명하다. 1995년 RC 윌리 가구 회사를 인수·합병할 때의 일화는 워렌 버핏의 그러한 부드러운 리더십을 잘 드러내고 있다. 워렌 버핏은 RC 윌리 가구 회사를 매입하면서 기존의 경영권을 그대로 유지시키려고 했는데 한 가지 문제가 있었다. 그 회사의 CEO인 빌 차일드와 직원들이 모르몬교 신도라는 것이었다. 그 때문에 고객이 가장 많이 방문하는 일요일에 문을 닫아야 한다는 것은 매출에 아주 치명적인 요인이었다. 하지만 워렌 버핏은 빌 차일드에게 기존의 방침대로 경영하도록 허용했다. 그러자 빌 차일드 역시 평균 수익을 넘기며, 워렌 버핏에게 그에 대한 보답을 했다.

워렌 버핏은 직원을 잘 해고하지도 않고, 회의를 잘 열지도 않는 리더로도 유명하다. 자회사 CEO들 중에는 본사에 가 본 적이 없는 사람도 상당수 되며, CEO들끼리도 서로 잘 모르고 지낸다고 한다. 그들이 유일하게 신경 쓰는 것은 오직 주요 핵심 사업의 경영 성과뿐이다.

그런데 그러한 워렌 버핏의 리더십이 해마다 기업을 성장·발전시키고 기업 가치가 상승하는 효과를 가져오고 있다. 그 원인은 자회사 CEO들이 애당초 업계의 최우수 인재들로 구성되어 있을 뿐만 아니라 스스로 경영 목표를 자율적으로 설정하고 집행하되, 목표와 성과에 대해 엄정하게 평가받고 합리적·차별적인 보상을 받기 때문이다. 그러므로 워렌 버핏의 입장에서는 감시나 간섭을 할 필요가 전혀 없는 것이다.

그 자신이 회장 겸 CEO, 그리고 36%의 주식을 소유한 투자회사인 벅셔 해서웨이 사의 연차보고서Annual Report에서 한 다음 이야기는 의미심장하다.

> 비즈니스에서 수익을 최대화하는 데 필요한 것은 좋은 경영과
> 집중이다. 따라서 우리는 초점이 매우 분명한 보상제도가 필
> 요하다. 만약 어떤 보험회사가 성과급을 회사 전체의 경영 실
> 적에 따라 지급하고 있다면 이는 매우 어리석은 것이다. 한쪽
> 부서의 좋은 실적이 다른 부서의 나쁜 실적으로 완전히 상쇄되
> 어 버리는 일이 얼마든지 벌어질 수 있기 때문이다. 우리 벅셔
> 해서웨이에서 3할 5푼을 치는 타자는 다른 직원들이 평균 2할
> 대 타격을 치더라도 당연히 자신의 훌륭한 성적에 비례해서 보
> 상받는다. 잘해서 많이 받도록 하자. 그리고 잘해서 많이 받은
> 사람 시기하지 말자. 잘한 사람 많이 주지 않고, 잘못한 사람
> 많이 주는 회사는 분명히 잘못된 회사다.

GE를 세계 최고의 기업으로 성장시킨 잭 웰치는 강한 리더십으
로 유명하다. 그에게 있어서 능력이 없거나 성과가 부실한 구성원
은 더 이상 조직에 남아 있을 필요가 없는, 그 이상도 그 이하도 아
닌 존재일 뿐이다. 뿐만 아니라 '세션 – C'라는 핵심 우수 인재관리
및 교육 시스템을 통해 핵심 인재의 개별 특성화관리로 최고의 인
재를 양성·활용하여, 해당 업계 최고 수준이 아니거나 그럴 가능성
이 낮은 사업은 과감하게 처분·정리토록 했다. 그런 혹독한 경영

스타일에도 불구하고 많은 사람들이 잭 웰치를 20세기 최고의 경영자로 존경하는 이유는, 우수 인재의 양성과 효율적인 시스템으로 기업의 성장·발전과 번영 그리고 효율성 재고라는 명분으로 정당화되고 있기 때문이다.

이처럼 강력한 리더십이든 부드러운 리더십이든 그 나름의 장·단점이 있을 수 있다. 중요한 것은 단점이 커져 조직의 성과와 성장·발전에 타격을 줄 경우, 그것을 어떻게 극복해 내느냐 하는 것이다.

강력한 리더십의 경우 구성원의 주인의식과 일에 대한 열정을 자발적으로 이끌어 내기 위한 보완이 필요하듯, 부드러운 리더십의 경우 역시 경영 성과가 감소하고 위기의식이 희박한 안일한 근무 분위기가 조성되지 않도록 하기 위해서는 근본적으로 먼저 튼튼하고 확실한 '사람과 시스템' 그리고 '성과주의 운영 메커니즘'을 갖추도록 해야 한다. 그리하여 잘한 사람에게는 차별적으로 우대하고, 그렇지 않은 사람에게는 그에 합당한 처우를 하는 합리적이며 엄정한 차별화가 실행되어야 한다. 그렇게 부드러운 리더십의 확실한 기반이 조성되면, 구성원 모두는 자발적으로 강한 주인의식과 일에 대한 열정을 갖게 되고, 구성원 중심의 조직 분위기와 리더의 부드러운 리더십이 발현될 수 있는 것이다.

그렇게 '사람과 시스템' 및 '성과주의 운영 메커니즘'에 기초한 부드러운 리더십'으로 성공한 모범적인 사례로 디즈니랜드를 건설한

월트 디즈니Walt Disney를 들 수 있다. 그는 생전에 '많은 사람을 행복하게 하는 것'을 기업의 모토이자 비전으로 삼았다. 이런 그의 '비전경영'이 더 유명해진 것은 고객의 행복뿐만 아니라 직원들의 행복까지 기업의 목표로 삼았기 때문이다. 월트 디즈니가 생전에 그토록 강조하던 비전은 그가 죽은 뒤에도 조직 내에 '시스템'으로 체화體化, embodied되어, 조직 구성원의 영원한 지침이 되고 있다. 그리고 디즈니랜드를 세계 최고의 기업으로 성장시키며, 구성원 모두가 자발적이고 열정적으로 일할 수 있는 동기를 부여해 주고 있다. 그들은 월트 디즈니는 죽고 없지만, 그의 비전이 시스템으로 남아 그의 정신과 경영 원칙을 이어 가고 있다고 믿고 있다.

경영환경과 기업 경쟁의 시대적 요구[14]가 시시각각으로 변하는 오늘날, 리더십이 강조되고 절대적인 가치를 갖게 된 것은 너무나 당연한 일이다. 때문에 상황에 따라 효과적인 리더십의 유형은 얼마든지 바뀔 수 있다는 전제가 나올 수 있다. 리더십은 리더의 절대적인 조건이자 권한이며 자격을 의미한다. 물론 구성원에 의한, 구성원을 위한 조건이자 권한이며 자격이다. 그러므로 오늘날의 리더십은 구성원의 능력을 자발적·효과적으로 창출해 낼 수 있는 기능적 주체가 되어야 하는 것이다.

이 모든 '기능'을 무리 없이 소화해 낼 수 있는 리더십은 효과적인 리더십에 합리적이며 정교한 관리 기술을 접목시킨 것이다. 효과적인 리더십이란 개인적인 겸양과 직업적 의지와 전략적 리더십을 겸비한 것이다. 전략적 리더십은 거래적 리더십과 변혁적 리더십을 적절히 병행하는 것으로, 구성원이 이룬 성과에 걸맞게 보상하고 조직의 비전과 공동체적 사명감을 고취시키는 리더의 마인드를 뜻한다. 그리고 합리적이며 정교한 관리 기술이라 함은 수준 높은 정교한 시스템과 시스템적 사고에 기반한 관리 기술을 의미한다. 그로 인해 고효율의 자율경영과 지속적인 고성과 창출이 가능해지는 것이다.

요즘 부각되고 있는 '임파워먼트 리더십'은 진정한 리더십에 가장 가까운 것으로서, 구성원의 능력에 걸맞은 권한, 성과에 합당한 인센티브, 업무에 대한 적극적인 동기를 부여함으로써 조직의 목표를 달성하게 하려는 것이다. 하지만 이것 역시 시스템이 갖춰져 있지 않고 구성원의 능력이 받쳐주지 않는다면 한갓 허울뿐인 이름에 불과하다. 이런 현상은 중소기업 등에서 많이 볼 수 있다. 중소기업의 CEO들이 하나부터 열까지 일일이 간섭하고 도맡아 일을 처리하지 않으면 안 되는 이유는, 시스템이 부재하거나 구성원의 능력이 따라주지 않거나 혹은 둘 다일 경우가 대부분이기 때문이다.

'임파워먼트Empowerment'란 성과를 창출할 수 있도록 구성원 스스로가 권한과 책임을 가지고 일할 수 있도록 해 주는 것이다. 임파워먼트 리더십의 예로 중국의 한漢고조 유방과 초패왕 항우를 비교해 볼 수 있다. 유방은 책략을 짜고 승부를 결정짓는 데는 책략의 대가 장량만 못하고, 민생을 안정시키고 군량을 조달하고 보급로를 확보하는 데는 탁월한 지략가 소하에 못 미치고, 100만 대군을 자유자재로 지휘해 승리를 거두는 일은 백전불패의 장수 한신보다 못했다. 하지만 그는 그 누구보다 유능한 인재를 먼저 알아보고, 장점을 파악해 재능을 최대한 발휘하게 하는 용인用人의 능력이 출중出衆했다. 그가 유능한 장량·소하·한신을 모두 얻어, 능력을 충분히 발휘하도록 해 천하를 통일했던 것은 임파워먼트 리더십이 있었기 때문이다.

반면에 항우는 귀족 가문 출신으로 좋은 교육을 받고 자랐으며, 사람을 대할 때는 예의가 바르고, 자애가 넘치며, 말투도 부드럽고 공손했다. 뿐만 아니라 역발산 기개세力拔山 氣蓋世의 불세출의 능력과 용기를 가지고 있어, 노여워하며 질책할 때는 1,000명이나 되는 부하들도 두려움에 떨며, 감히 자리에서 일어나지 못할 정도의 위엄을 갖추고 있었다.

그럼에도 불구하고 희대의 탁월한 참모인 범증을 제대로 활용하지 못했을 뿐만 아니라, 현명한 장군을 임명하여 기를 살려 주고 능력을 펼치게 하는 데 약하니 이는 필부匹夫의 용기에 불과했다. 부하들이 공적을 올려 작위와 포상을 내려야 할 때는 체면을 따지고 아까워 결단을 내리지 못하고 인색하니, 이는 한낱 아녀자의 인仁에 불과했다. 결국 사면초가四面楚歌 속에 대업의 꿈을 이루지 못한 채 오강에 몸을 던져 파란만장한 생을 스스로 마감할 수밖에 없었던 것이다.

이와 같이 리더의 진정한 성공은 그 자신이 얼마나 많은 성과를 내느냐가 아니라, 그가 이끄는 조직 전체가 어떤 성과를 내도록 하느냐에 달려 있다. 그러므로 리더는 자신이 조직 안에서 스스로 두각을 나타낼 수 있는 방법을 궁리하기보다는 조직 구성원이 어떻게 하면 높은 성과를 낼 수 있는지를 연구해야 한다. 그것이 바로 리더의 자질이고 '리더십'이다.

☞ 천재는 노력하는 사람을 이길 수 없고,
노력하는 사람은 즐기는 사람을 이길 수 없다.
어떤 이는 가난과 싸우고, 또 어떤 이는 재물과 싸운다.
가난과 싸워 이기는 사람은 많으나, 재물과 싸워 이기는 사람은 적다.
내가 꿈을 이루면, 나는 다시 누군가의 꿈이 된다.
연잎은 자신이 감당할 만한 빗방울만 싣고 있다가 그 이상이 되면
미련 없이 비워 버린다.

14 ① 1960년대: Cost 중시,　1차원 경영,　저렴한 가격,　획일적

② 1970년대: 품질 중시,　2차원 경영,　좋은 상품,　규모의 경제

③ 1980년대: 서비스 중시, 3차원 경영,　시장 지향,　차별화 상품

④ 1990년대: 타이밍 중시, 4차원 경영,　고객 만족,　Time Base

⑤ 2000년대: 지식 중시,　5차원 경영,　전문화,　차별화

⑥ 2010년대: 시스템 중시, 6차원 경영,　정보화,　Soft화

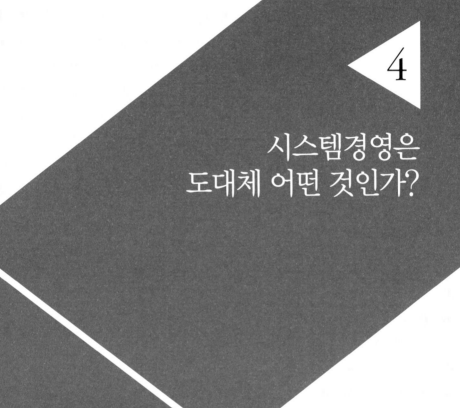

4

시스템경영은
도대체 어떤 것인가?

기업경영 역시
기초와 기본이 중요하다

▶▶▶ '시스템경영'의 기본 개념

경영은 무엇보다 먼저 리더의 카리스마와 탁월한 리더십에 의해 구성원의 마음을 설레게 하는 가슴 벅찬 '비전과 목표 및 전략'이 제시되어야 한다. 그리고 이들 비전·목표·전략이 틀림없이 달성되도록 하기 위해 반드시 이와 연계된 '전략적 성과관리'가 뒷받침되어야 한다. 그렇게 해야 비로소 구성원 모두가 '강한 주인의식'과 '일에 대한 뜨거운 열정'을 가지고 목표 달성에 전력투구하게 된다. 이렇게 '전략적 성과관리'로 효율화된 '운영 메커니즘'을 일컬어 '시스템 경영의 기본'이라고 한다.

이를 뒷받침하기 위해서는 경영의 바탕 자체가 근본적으로 튼튼해야 한다. 이러한 경영의 바탕을 이루는 '사람과 시스템'이 바로 경영의 기초인 것이다. 이들 경영의 기초를 근본적으로 튼튼히 하려면 첫째는 '사람의 문제' 즉, 우수한 인적자원, 효율적 조직 운영, 진취적인 기업 문화가 확실히 갖춰지도록 해야 한다. 둘째는 '시스템의 문제' 즉, 사람관리·조직관리·일관리·변화관리 등의 기본관리와 구매·생산·판매·R&D·재무·기획·관리 등의 업무관리가 원활하게 작동되도록 지원하는 정교한 '기본관리 시스템'과 '업무관리 시스템'이 구비되어야 한다. 셋째는 이와 동시에 이들 시스템이 실시간Real Time으로 돌아가도록 IT를 기반으로 하는 'RTEReal Time Enterprise 시스템'이 구비되어야 한다. 이렇게 경영의 근본 바탕을 이루는 '사람과 시스템'을 일컬어 '시스템경영의 기초'라고 한다.

시스템경영에서 '사람'이 의미하는 것

① **우수한 인적자원** : 시스템적 사고와 열정으로 무장된 우수 인재
② **효율적 조직 운영** : 인재와 조직 그리고 조직과 외부환경 간의 정합성
③ **진취적 기업 문화** : 창의적 인재가 최상의 성과를 낼 수 있는 활기찬 기업 문화

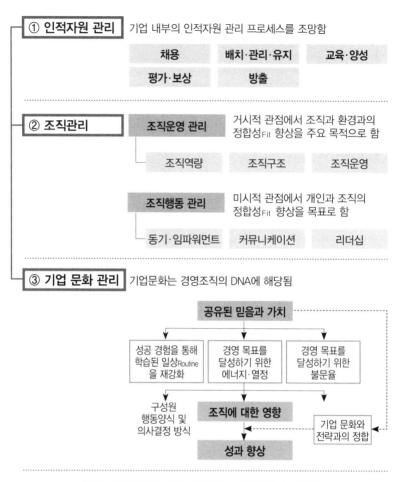

① **인적자원 관리**　기업 내부의 인적자원 관리 프로세스를 조망함

| 채용 | 배치·관리·유지 | 교육·양성 |
| 평가·보상 | 방출 | |

② **조직관리**　**조직운영 관리**　거시적 관점에서 조직과 환경과의 정합성Fit 향상을 주요 목적으로 함

| 조직역량 | 조직구조 | 조직운영 |

조직행동 관리　미시적 관점에서 개인과 조직의 정합성Fit 향상을 목표로 함

| 동기·임파워먼트 | 커뮤니케이션 | 리더십 |

③ **기업 문화 관리**　기업문화는 경영조직의 DNA에 해당됨

공유된 믿음과 가치

- 성공 경험을 통해 학습된 일상Routine을 재강화
- 경영 목표를 달성하기 위한 에너지·열정
- 경영 목표를 달성하기 위한 불문율

구성원 행동양식 및 의사결정 방식

조직에 대한 영향

기업 문화와 전략과의 정합

성과 향상

[우수 인적자원을 양성·활용하기 위한 관리 대상]

세상만사가 다 기초와 기본이 중요하듯 기업경영 역시 기초와 기본이 중요하다. 이들 경영의 기초인 '사람과 시스템'을 튼튼히 하고, 경영의 기본인 운영 메커니즘을 전략적 '성과관리'로 효율화해서 일상적인 운영 업무는 실무진과 '정교한 시스템'에 의해 원활하게 자

동적으로 돌아가게 하고, 경영층에서는 '예외관리'와 '전략경영'에 집중함으로써, 고성과가 지속적으로 창출되게 해야 한다. 이런 경영을 일컬어 시스템경영이라고 한다.

역량이 탁월하여 업무를 잘 처리하거나 높은 성과를 창출한 우수한 사람에 대해서는 잘한 만큼 그에 합당한 금전적·비금전적 대우를 남다르게 차별적으로 해 주어야 한다. 그리고 이와 반대로 일을 잘못하고 성과를 제대로 창출하지 못한 사람에 대해서는 그에 걸맞는 적절한 처우를 해 주어야 한다. 이와 동시에 특별히 잘못한 사람에 대해서는 본인이 대오각성大悟覺性하여 전력투구할 수 있도록, 교육과 성과 창출을 위한 지도 및 적재적소 재배치 등의 배려를 통해 소위 '패자 부활의 기회'를 부여해 주어야 한다. 그렇게 함으로써 잘한 사람이나 잘못한 사람이나 구성원 전원이 '자기 존엄성'을 스스로 지키면서, '강한 주인의식'과 '일에 대한 열정'으로 일에 매진하도록 하는, 인간 존중의 인본주의경영을 실현하여 초일류 기업으로 성장·발전하도록 하려는 경영관리 방법론을 '시스템경영'이라고 하는 것이다.

▶▶▶ 시스템경영에서 '시스템'이 의미하는 것

시스템은 일관된 원칙과 원리를 가지며, 세 가지 의미를 내포하

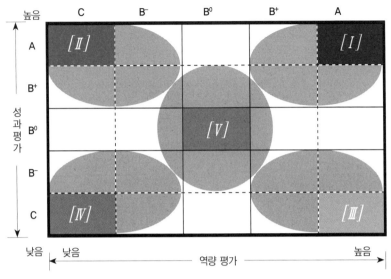

[역량평가와 성과평가의 매트릭스]

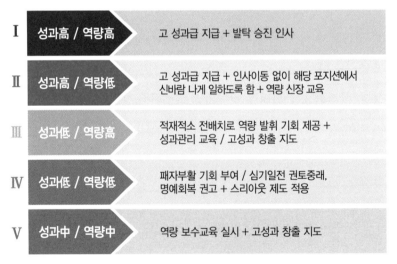

[평가 매트릭스의 활용]

고 있다. 첫째는 조직 내에서 합의된 공통의 기준과 프로세스요, 둘째는 일반적으로 용인되는 기준과 프로세스요, 셋째는 시스템적 사고에 기반한 가치 판단이다. 기업을 경영함에 있어 시스템적 특성을 경영 활동에 접목하여 조직 운영의 구조와 제도, 관행 그리고 업무 처리 절차를 비롯한 일련의 경영관리 과정을 '조직 내에서 합의된 기준과 프로세스Internally Accepted Principles & Processes'(원칙1)에 의해 집행되도록 하는 것을 '원칙에 의한 경영'이라고 할 수 있다. 그러나 실제 경영 현장에서는 모든 경영 활동에 적용할 수 있는 공통의 기준과 프로세스를 구성원의 합의에 의해 일일이 사전에 규약하

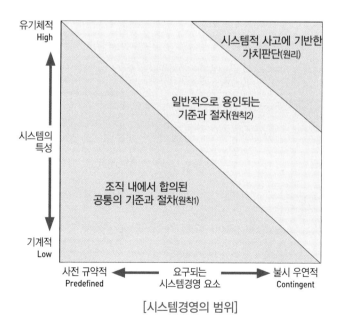

[시스템경영의 범위]

시스템경영에서 '시스템'이 의미하는 것

① **기본관리 시스템** : 전략 성과부터 인적자원, 자산, 재무, 준법, PR/IR, IT 까지의 사람 · 조직 · 일 · 변화관리에 대한 기본적인 관리 시스템.

② **업무관리 시스템** : 상품 기획 · 구매에서 생산 · 판매까지의 각 부문 운영 시스템.

③ **RTE 시스템** : 모든 관리가 실시간으로 작동될 수 있도록 하는 IT 시스템.

기는 현실적으로 거의 불가능하다.

　그러므로 직무를 집행할 때 실무자 선에서 '조직 내에서 합의된 기준과 프로세스'에 따라 집행하는 비중이 상대적으로 높은 반면, 직급이 높은 관리자급과 경영자급으로 올라갈수록 예기치 못한 상황에 마주치는 경우가 많아지는 경향이 있다. 이런 경우에는 불가피하게 '일반적으로 용인되는 기준과 프로세스Generally Accepted Principles & Processes'(원칙2)에 따라 집행하는 비중이 상대적으로 높아질 수밖에 없고, 이를 또한 '원칙에 의한 경영'이라고 할 수 있다.　또 상황에 따라서는 '일반적으로 용인되는 기준과 프로세스'조차 애매한 경우도 있다. 이럴 때는 전체 지향 · 관계 지향 · 목적 지향 · 중점 지향 · 미래 지향의 이른바 시스템적 사고Systems Thinking와 이에 바탕을 둔 가치 판단에 의해 집행할 수밖에 없다. 이를 '원리에 의한 경영'이라고 할 수 있다.

전략성과 관리 Strategy to Performance	인적자원 관리 Hire to Retire	자산 관리 Acquire to Retire	재무 관리 Financial Plan to Report
준법 관리 Policy to Legal & Regulation Compliance	PR·IR 관리 Public and Investor Relationship		IT 관리 IT Plan to Support

[기본관리 시스템 구성도(예)]

[업무관리 시스템 구성도(예)]

이쯤에서는 '원칙에 의한 경영'과 '원리에 의한 경영' 양쪽 다 구성원의 '시스템적 사고'에 의해 화합적으로 공유되도록 해서 공통의 '기준과 프로세스'가 조직 내의 '핵심 목적' 및 '핵심 가치'와 접목되고, 업무 행동 기준이나 업무 행동 양식의 기본 바탕으로 수용되도록 해야 한다. 그뿐만 아니라 IT를 기반으로 하는 실시간Real-Time 시스템으로 실행되도록 해야 한다. 오늘날의 경영은 속도에 의해 좌우되는 환경이므로 결국에는 이러한 원칙과 원리에 의한 경영을 실시간으로 수행하지 않으면 경쟁에서 이길 수가 없다. 속도는 지금의 기업이 추구해야 할 일종의 방향성이다. 물론 속도의 핵심은 변화다. 그러므로 '변화의 속도'와 더불어 '속도의 변화'가 성공의 관건인 것이다. '변화의 속도'와 '속도의 변화'를 적응력으로 이해할 수도 있다. 따라서 기업 내·외부의 상황 변화, 다시 말하면 시장의 변화 및 소비자의 욕구 변화에 얼마나 발 빠르게 대처할 수 있느냐가 기업의 성패를 좌우하는 관건이 되고 있는 것이다. 우리 사회는 이제 속도와의 전쟁을 하고 있다고 해도 과언이 아니다. 소셜 네트워크를 통해 정보와 사실fact이 알려지는 속도는 상상을 초월할 정도로 빠르다. 비록 고객 만족을 목표 삼아 경영력을 집중하고 있다 하더라도 제품이나 서비스의 퀄리티가 실시간으로 노출, 전파되고 있을 뿐만 아니라 언제·어디서·어떤 방식으로 판매되고 있는지 실시간으로 파악되고 공유되고 있으므로 이 같은 속도 경쟁은 조직의 위기가 될 수도 있고 기회가 될 수도 있다.

이러한 '원칙과 원리에 의한 실시간 경영'은 그러한 경영상의 리스크를 조기에 파악하고 분석하고 수정함으로써, 업무의 지연 요소를 최소화하고 의사결정의 스피드를 높여 경쟁력을 극대화하는 체계다. 이처럼 실시간으로 데이터를 분석해서 빛의 속도로 곧바로 경영에 반영하는 개념으로 받아들여진 '속도'는 이제 단순한 처리 속도의 차원을 넘어, 경쟁우위를 가늠할 수 있는 가장 중요한 시스템의 핵심 요소로 자리잡고 있다. 이러한 실시간 경영 개념까지를 모두 포함하여 시스템경영이라 일컫는 것이다.

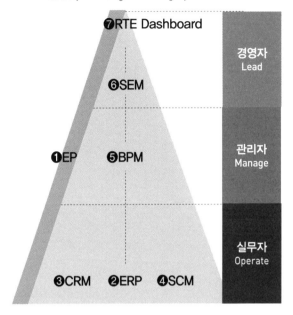

가시화 · 지능화 · 기민화
Visibility   Intelligence   Agility

❼RTE Dashboard

❻SEM

❶EP   ❺BPM

❸CRM   ❷ERP   ❹SCM

경영자
Lead

관리자
Manage

실무자
Operate

❶ EP(Enterprise Portal, 기업포털)
❷ ERP(Enterprise Resource Planning, 전사적 자원관리)
❸ CRM(Customer Relationship Management, 고객 관계 관리)
❹ SCM(Supply Chain Management, 공급망 관리)
❺ BPM(Business Process Management, 비즈니스 프로세스 관리)
❻ SEM(Strategic Enterprise Management, 전략적 기업경영)
❼ RTE Dashboard(실시간 기업경영 속보판)

[RTE 시스템 구성도(예)]

☞ 기회는 준비하는 자의 것이요, 꿈은 꿈을 꾸는 자의 것이다.
유리하다고 교만하지 말고, 불리하다고 비굴하지 말아야 한다.
상처 없는 독수리는 이 세상에 태어나자마자 죽어 버린 독수리뿐이다.

시스템경영의 목적,
초일류 기업

▶▶▶ **기업의 목적**

고전적 의미에서 '기업의 목적'은 오로지 '이윤 창출'이었다. '이윤 창출'이 기업의 목적이라는 점과 이윤 창출의 단순한 의미는 누구나 이해하고 있으나, 그 이윤의 창출 과정이 시사하는 바에 대해서는 잘 알지 못한다. 그래서 이윤 창출의 개념과 창출 과정 등 그 함의含意를 조금 확대시켜, 기업의 목적을 이야기할 때 이윤 창출을 주된 내용과 골격으로 하는 '성과 극대화'라고 이야기한다. 그러나 하루가 다르게 변화하는 경영환경과 초경쟁환경 속에서는 기업이 망하지 않고 존속하는 것 자체가 지극히 어려운 과제로 부각됨에 따라, 단순히 이윤을 창출하고 지속적으로 성과를 극대화하는 수준을 넘어서 이제는 '지속가능경영sustainability'을 실현하는 것이 기업의 목적이라고 이야기하기에 이르렀다. 따라서 당연히 이윤 창출은 성과 극대화의 가장 중요한 중핵이며, 그것이 극대화될 때 성과 극대화로 연결된다. 또한 최종 목적이요 목표인 '지속가능경영'이 자연히 달성되는 것이다. 이러한 과정이 진행되고 완성되는 원리는 아주 간단하다. 하지만 실제로 빠르게 변화하고 날로 치열해지는 경쟁환경 속에서 기업이 지속가능경영을 실현하여 초일류 기업으로 성장·발전해 갈 수 있는 길은 사실상 '시스템과 시스템적 사고에 의한 경영', 즉 시스템경영 이외에 별다른 방법이 있을 수 없다. 시스템경영을 정교하

[기업의 목적]

고 철저히 실현함으로써 경영자의 수월성이 유감없이 발휘되도록 해야 경영환경 변화에 성공적으로 대응해 나갈 수 있는 것이다.

나뭇잎이 병들고 시들어 떨어지는 것은 나뭇잎 자체에 문제가 있는 경우도 있겠지만, 더 근본적인 원인은 수분과 영양분을 충분히 공급하여 자연환경의 변화에 적절하게 대처하도록 하지 못하는 뿌리에 문제가 있을 때가 대부분이다. 생산성이 떨어지거나 품질 수준이 떨어지고 원가가 올라가며 자금 사정이 나빠지는 것을 나뭇잎이라고 한다면, 경영의 기초를 튼튼히 하거나 운영 메커니즘을 효율적으로 개선하는 것은 뿌리를 강화하는 것에 비유할 수 있다. 뿌리부터 줄기의 맨 끝머리 잎사귀까지 강하고 무성하고 아름다운 기업이 되게 하는 길, 그것이 바로 시스템경영이다.

▶▶▶ 초일류 기업이란 어떤 기업인가?

초일류 기업이란, 기업 (또는 주주) 측면에서는 우량 기업[1]Blue Chip Co.이요, 조직 구성원 측면에서는 좋은 직장[2]Great Place to Work 이요, 인류와 사회에 대한 공헌과 책임이라는 측면에서는 신뢰받는 기업[3]Highly Respected Co.이라고 정의할 수 있다. 여기서 주의할 점은 '우량 기업', '좋은 직장', '신뢰받는 기업'이라는 개념은 각각 엄격히 독립된 단독의 완전한 개념이 아니라는 것이다. 상호작용하여 상승 효과를 일으키면서 초일류 기업으로 귀결되는 하나의 상관相關 혹은 상통相通의 개념이라는 것이다. 즉, 경영 실적이 우수한 우량 기업이 아니고서는 조직 구성원의 성장과 발전을 위해 배려할 여력이 없을 것이며, 종업원을 단순히 수단으로 생각하고 창의를 억압하는 조직 풍토에서는 우량 기업의 싹이 클 수 없는 것이며, 또한 사회에 대한 책임을 저버리는 기업은 사회적 응징을 받아 존립 자체가 위협받는 현실이기 때문이다.

다시 말해서 초일류 기업World-Class Excellent Company이란 첫째, 기업 측면에서는 높은 기술력, 풍부한 인재, 견실한 재무 구조와 시장 지배력, 막강한 정보력, 목표를 향한 응집력 등을 갖추고 이를 토대로 하여 경영 합리화를 통해 견실한 경영과 변신 성장을 이루어, 높은 수익성, 빠른 성장성, 장기 안정성, 미래 지향성, 즉 우수한 경영 실적을 계속적으로 실현하는 '우량 기업'❶을 말한다.

둘째, 조직 구성원 측면에서는 인간성 존중 및 창의성 존중을 바탕으로 조직 활성화, 즉 활기찬 조직 분위기를 이루어 조직에 대한 긍지와 자부심을 가지고 자아실현이 가능한 평생 직장으로서, 적정한 수준의 임금과 쾌적한 근로환경, 인격적인 처우, 그리고 장기적 안정 근무를 보장받을 수 있는 '좋은 직장'❷을 말한다.

셋째, 사회적 측면에서는 계속기업으로 존속·발전함으로써 고용을 증대시키고 기업 이윤을 사회에 환원시켜 사회적 책임을 다하여, 양질의 재화와 서비스의 공급으로 생활의 편의를 증진시키고,

고객의 만족과 번영을 이루어 인류 사회에 공헌하고, 경제 질서를 중시하여 산업재해의 방지와 환경 문제 등 사회적 비용의 감소에 힘을 쏟고, 소외 계층에 대한 지원 사업 및 공익 복지 그리고 문화 사업 등을 통해 사회에 봉사하는 등 기업의 사회적·윤리적 책임을 다함으로써 사회로부터 '신뢰받는 기업'❸을 말한다.

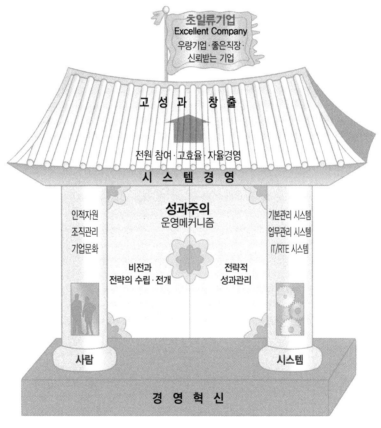

[초일류 기업의 실현 체계]

이와 같이 초일류 기업은 '우량 기업', '좋은 직장', '신뢰받는 기업'의 세 가지 요건에 부합해야 한다. 이를 또 다른 측면에서 쉬운 말로 표현하면 '경쟁력을 갖추고 지속적으로 탁월한 성과를 내는 기업'이라고 말할 수 있다. 여기서 말하는 경쟁력은 문자 그대로 다른 기업과 견주어 볼 때 그들보다 월등히 나은 무엇인가를 보유하고 있다는 의미다. 제품 개발력이든지, 생산력이든지, 시장성이든지 다른 기업을 압도할 만한 경쟁력을 가지고 있어야 한다. 그것도 '그냥 경쟁력'이 아니라 '지속적인 경쟁력'이어야 한다는 것이다.

소니, GM, 노키아, 코닥 등은 불과 몇 년 전만 해도 세계적인 기업이라고 불리던 쟁쟁한 기업이었다. 하지만 지금은 모두 파산 지경에 이르렀거나 매각되었다. 무엇이 그들 기업을 그렇게 만든 것일까? 바로 변화에 따른 적응력을 강화시키지 못해, 지속적인 경쟁력을 갖지 못한 탓이었다.

예를 들면 GM의 파산 이유는 단순한 재무적 실패가 아니라, 장기적인 전략의 부재 때문이었다. 환경 변화에 대한 무감각과 무대응, 부적응이 그런 결과를 낳게 했다는 것이다. GM은 계속된 고유가 추세로 시장과 고객이 연료 효율이 높은 차량을 선호하는 환경 변화에 적절히 대응하지 못했다. 일본의 경쟁 기업이 소형차 등 연비가 높은 차량 개발에 박차를 가했던 반면, GM은 SUV 등 중대형 차량을 계속 생산해 냈다. 시장점유율 상승의 결정적 요소인 품질·연비·디자인·AS 측면의 개선에 총력을 기울이기보다는 단순하게 상품 숫자와 그 폭을 증가시켜 시장점유율을 회복하려 했던 것이다. 강성 비대 노조에 의한 고임금과 흥청망청식 복리 후생도 파산 이유 중의 하나였다. 실제로 GM은 도요타의 1.5배나 되는 고임금을 지급하고 있었으며, 퍼주기식 연금과 퇴직자 부양가족을 위한 1,500달러/car의 의료보험금을 부담하고 있었다.

'그냥 경쟁력을 갖는다'는 것과 '지속적인 경쟁력을 갖는다'는 것의 의미는 아주 다르다. 전자는 어느 한 시기, 한 분야에 국한된 것이고, 후자는 그러한 현상이 지속적으로 나타나는 것을 의미한다. 따라서 '지속적인 경쟁력을 갖는다'는 것은 쉬지 않고 경쟁력을 이어 나간다는 말이다. 그렇게 쉼이나 끊임[斷絶]이 없는 지속적인 경쟁력을 갖기 위해서는 변하지 않을 강력한 '경쟁력 DNA'를 보유하고 있어야 한다. DNA가 생물의 유전적 형질을 결정하듯, 경쟁력 DNA는 기업의 형질을 결정하기 때문이다. 그러니까 기업의 경쟁력 DNA는 비전 및 핵심 가치와 미션의 복합체라고 보면 된다.

그렇게 경쟁력이 있는 DNA를 보유하려면 다음 같은 조건을 갖추어야 한다. 첫째, 구성원은 회사의 비전이 곧 나의 비전이라는 의식을 가지고, 회사에 대한 강한 애착을 가져야 한다. 회사는 회사대로 비전을 추구해야 하지만, 구성원은 구성원대로 회사의 비전을 자신의 비전으로 만들어야 한다. 그러한 '조직 비전의 자각화自覺化 DNA'는 구성원으로 하여금 회사 목표에 대한 몰입도와 기여도를 높여 준다. 회사의 비전은 회사가 성취하고자 하는 것, 즉 회사의 미래다. 그러므로 회사의 미래가 곧 구성원의 미래가 되어야 한다는 것이다. 탄탄하고 명확한 '회사의 미래'를 만들기 위해서는 그러한 형질을 구성하는 DNA가 필수적이다. 예를 들면 카카오의 비전은 '소통의 혁신으로 세상을 바꾸는 열매'다. 카카오의 이런 비전은 단순히 사람과 사람을 연결하는 데 그치지 않고 사람과 세상을 연결하고, 세상과 더 큰 세상을 잇는 모바일 소셜 플랫폼으로 성장하도록 했다. 카카오라는 회사의 비전이 구성원의 비전이 되었고, 그것은 결국 회사와 구성원 모두의 미래가 된 것이다.

둘째, 회사가 추구하는 핵심 가치에 부합하는 구성원이 되어야 한다. 핵심 가치Core Value는 구성원이 회사의 미션에 따라 행동할 수 있도록 만들어진 일종의 가이드라인이자, 공유 가치Shared Value이며, 제도적인 행동 규범이라고 할 수 있다. 물론 회사의 가치관과 기업 문화의 핵심이 되기도 한다.

셋째, 미션은 회사의 궁극적인 목표여야 한다. 예를 들면 나이키의 미션은 '전 세계 모든 선수들에게 영감과 혁신을 전달한다'이다. 이 미션은 회사의 정체성을 나타내며 고객을 향한 회사의 메시지로 자리잡았다. 나이키는 1964년 필 나이트Phil Knight와 빌 보워만Bill Bowerman이 500달러씩 출자해 1,000달러로 시작한 소규모 기업에 불과했다. 그런 나이키가 2002년 브랜드 가치 77.2억 달러세계 35위의 거대 기업으로 성장할 수 있었던 이유는, 고객으로 하여금 확실한 도전과 혁신을 심어 주었기 때문이다. 그로 인해 나이키는 단순히 스포츠 용품을 파는 기업에서 '스포츠 정신'을 전파하는 기업이 되었다. '모든 비즈니스는 반드시 위대한 미션으로부터 출발한다'는 피터 드러커의 말처럼 나이키의 미션이 기업의 나침반 역할을 했던 것이다.

기업은 저마다 비전과 핵심 가치 및 미션을 가지고 있다. 초일류 기업의 비전, 핵심 가치, 미션이 따로 있는 것은 아니다. 다만 한 가지 차이점이 있다면 그것을 조직의 모든 영역에 적용하고 실행하는 능력을 가지고 있느냐의 문제다. 다시 말해 비전·핵심 가치·미션의 적용과 실행이 시스템화되어 있느냐 하는 것이다. 그러한 응집력과 집중도가 결국 기업의 전략과 업무 프로세스에 영향을 주며 구성원이 주인의식을 가진 기업, 성과를 저해하는 요인을 구성원 스스로 알아서 제거하는 기업, 사람이 곧 경영이고 재산인 기업, 구성원 간에 신뢰와 협조가 공존하는 기업 즉, 초일류 기업을 탄생시키는 것이다.

☞ If someone feels that they had never made a mistake in their life, then it means they had never tried a new thing in their life.　　- Einstein -
인생에 있어 실패를 한번도 안해본 사람은 새로운 시도를 한번도 해 보지 않은 사람이다.

시스템경영의 실체는
구성원이다

조직은 리더와 구성원으로 이루어진다. 리더가 리더십으로 구성원을 이끄는 존재라면, 구성원은 그 리더십에 따라 조직의 목표를 달성하고 그와 동시에 개인의 목적을 실현하고자 하는 개개인을 말한다. 우리는 모두 그 어느 조직이든 한 개 이상의 조직에 소속되어 있다. 사회적인 활동이 전무한 사람일지라도 최소한 국가라는 조직의 구성원이기 때문이다. 따라서 조직과 개인은 분리해서 생각할 수 없는 불가분의 관계에 있다.

조직은 리더 한 사람만으로 이루어질 수 없다. 구성원이 중요한 이유가 바로 여기에 있다. 조직은 여러 명의 개인이 모여 이루어진 사회적인 유기체有機體이기 때문에, 구성원을 빼놓고는 조직을 설명할 수가 없다. 다시 말해 한 조직의 시스템을 실제적으로 실행하는 주체는 바로 구성원이다. 조직 내에서 주된 시스템적 실체가 구성원이라는 사실은 '그들이 바로 시스템 운영의 성패를 쥐고 있다'는 말과 같다. 잘 만들어진 시스템을 따라가는 것도 구성원이지만 좋은 시스템을 만드는 것도 다름 아닌 구성원이기 때문이다.

대부분의 리더는 조직이 의도대로 운영되지 않는 것이 구성원의 능력과 자질이 부족한 탓이라고 생각한다. 하지만 구성원의 문제라기보다는 오히려 조직의 구조적인 문제 때문일 확률이 더 높다. 물론 애초부터 잘못된 시스템이 원인일 수도 있다. 이런 경우에는 시스템을 근본적으로 바꿔야 한다. 달리 방법이 없다. 구성원이 리더의 생각대로 잘 되지 않는 이유를 살펴보면 대체로 세 가지로 이야기할 수 있다.

첫째, 시스템이 잘못 만들어진 경우다. 여기서 '잘못 만들어졌다'는 것은 시스템의 유효성, 즉 효율성과 효과성을 두고 하는 말이다. 기껏 구성원을 배려해서 만든 시스템이라 하더라도 성과를 제대로 내지 못하거나, 비록 성과는 어느 정도 낸다고 하더라도 구성원의 반발을 사는 케이스라고 할 수 있다.

둘째, 구성원이 조직이 지향하는 바를 제대로 파악하지 못하는 경우다. 이 경우는 구성원이 조직의 이익을 극대화하기 위해, 각자가 해야 할 일이나 조직의 운영 방침을 잘 파악하지 못한 케이스다. 구성원이 설령 방향을 알고 있다 하더라도 역량이나 경험·지식 그리고 권한과 책임에 대한 올바른 의식이 부족하여, 업무 프로세스나 정보 시스템 및 협업 구조 등에 적극적으로 대응하지 못하는 경우다.

셋째, 구성원이 조직의 방향성을 올바로 파악하고 자신의 역량을 다해 성과를 냈음에도 불구하고, 보상 체계가 제대로 작동하지 않는 경우다. 이런 경우에 구성원은 더 이상 성과를 내기 위한 노력을 기울이지 않게 된다.

조직 내에서의 적절한 피드백은 구성원 개개인의 자아성취뿐만 아니라 타 구성원의 자극을 불러일으키고 동기를 부여하기 위해서도 필요한 절대적인 요건이다. 적절한 금전적 보상과 비금전적 보상 피드백이 이루어져야 하는 이유는 조직과 구성원 간의 불가분의 관계를 재확인하는 과정이기 때문이다.

이제는 리더 혼자만의 힘이나 아이디어로 조직이 운영되는 시대는 지났다. 아무리 리더십이 강력한 리더라 하더라도, 무능력하고 의욕이 없는 구성원을 데리고는 성공적으로 조직을 운영할 수가 없다. 구성원 다수의 역량이나 창조적인 아이디어가 없다면, 그 조직은 죽은 조직이나 마찬가지다. 구성원의 역량은 곧 조직의 경쟁력이다. 조직이 혁신을 이루려면 구성원이 먼저 혁신을 이루어야 한다. 조직 경쟁력의 원천인 구성원은 끊임없이 변화에 능동적으로 대처하고, 조직의 발전을 위해 헌신적으로 일하며, 새로운 아이디어를 창출하는 학습인이 되어야 한다. 그래야만 미래 지향적인 조직으로 발전할 수 있다. 조직이 곧 구성원이고, 구성원이 바로 조직이기 때문이다.

그럼 조직과 구성원은 어떻게 발전하는 것일까? 조직의 구성원은 시스템경영의 핵심 요체요, 핵심 인자因子다. 조직과 구성원을 나무에 비유하자면 시스템은 구성원을 키워 주는 물과 햇빛과 영양분이다. 물과 햇빛과 영양분이 나무의 수명을 연장시키듯, 시스템은 조직의 수명을 연장시킨다. 시스템경영은 본질적으로 조직과 구성원을 위한 최적화된 프로그램을 지향하기 때문에 어느 한 개인의 이득이나 부당함을 고려하지 않으며, 모든 구성원을 대상으로 하는 보편적인 적용 체계다.

따라서 보편적이면서 특별하고, 개별적이면서 집단적인 특성을 갖는다. 그래서 시스템이 잘 갖추어진 조직의 구성원은 셀프 리더십이 습관화되어 있다. 누가 지시하지 않고 감시하지 않아도 그들은 스스로를 철저히 관리하며, 진취적이고 성과 높은 업무를 활기차게 추진해 나간다. 스스로가 핵심 인재로 성장·발전해 가는 힘을 가지고 있는 것이다. 그런 구성원은 책임과 권한에 철두철미하다. 어느 자리, 어느 위치에 가더라도 곧바로 적응하고, 자기 페이스pace를 유지하며 능력과 기량을 발휘하여 조직에 기여한다. 또한 스스로 성장과 발전을 도모해 나갈 수 있다. 그리고 그런 구성원은 그 자체만으로도 훌륭한 시스템이라고 할 수 있다. 결국 구성원이 시스템이고, 시스템이 곧 구성원이 되는 최고의 조직을 만들게 되는 것이다. 그래서 '우리는 시스템이 곧 경쟁력이다'라고 자신 있게 말할 수 있는 조직은 '우리는 이미 구성원에 대한 프라이드를 충분히 가지고 있다'는 말을 하는 것이나 다름없다. 그런 뜻에서도 시스템이 잘 갖추어진 조직은 구성원에게 깊은 신뢰감을 형성한다는 점에서도 매우 고무적이다.

시스템경영은 오로지 역량과 성과에 의해서만 성과급 등의 경제적 보상과 승진 등의 비경제적 보상을 하므로 로비나 인사 청탁이 존재할 수 없다. 따라서 구성원 스스로 정직과 신뢰를 쌓아 갈 수밖에 없다. 부정행위나 하자가 있는 구성원은 살아남기 힘든 구조다. 이것은 상당히 중요한 시스템경영의 원리이면서 원칙인데, 이 때문에 개인 스스로도 모범적인 인간형을 추구하게 된다.

능력주의, 적재적소適材適所, 신상필벌의 인사 원칙으로 이루어진 인사 체계는 구성원의 사기를 진작시키고, 셀프 리더로서의 자질을 갖추게 한다. '관리자 중심의 관리'라기 보다는 '시스템 중심의 관리'이므로 합리적으로 평가받을 수 있고, 합리적으로 보상받을 수 있는 정교한 체계로 이루어져 있기 때문이다. 그리고 조직 전반에 규범이나 표준이 정해져 있기 때문에 인력관리는 물론 성과관리와 감사 업무 기타 등 모든 것이 정교한 시스템으로 구축되고 실행된다. 그래서 특정 개인의 판단이나 성향에 의존하거나 좌우될 위험성이 낮은 것이다.

구성원이 조직과 일에 최선을 다해야 하는 이유이자 동기가 바로 여기에 있는 것이 아니겠는가? 부당하게 차별받지 않고, 자신이 일한 만큼의 성과를 정당하게 보상받는다는 것은 구성원에게 있어서 '가장 바람직하고 정당한 메리트'다. 시스템경영이 원활하게 잘 돌아가는 조직의 구성원은 '개개인이 곧 시스템'인 셈이다. 그래서 기업 전체의 목적과 목표를 달성하기 위해 구매·생산·판매·R&D·경영 지원 등 하부 시스템에서 행해지는 구성원 개개인의 개별 경영 활동이 아주 중요한 시스템경영의 핵심 인자라고 말할 수 있는 것이다.

▶▶▶ **시스템경영 실행 사례**

1995년 3월 9일 오전 10시경, 삼성전자 구미공장 운동장에는 꾸물꾸물한 날씨 속에서 2,000여 명의 직원들이 사업부 별로 줄지어 서 있었다. 납처럼 굳은 표정으로 말없이 서 있는 그들의 머리에는 '품질 확보'라고 쓰인 머리띠가 둘러져 있었다. 얼마 후 10여 명의 현장 근로자들이 '품질은 나의 인격이요, 자존심!'이라는 현수막 아래에 산더미 같이 쌓인 무선전화기, 키폰, 팩시밀리, 휴대폰 앞으로 다가갔다. 그러고는 들고 있던 해머로 사정없이 깨부수기 시작했다. 무려 15만 대, 돈으로 따지면 당시 시가로 500억 원어치였다.

그렇게 부서진 제품 조각들은 그 자리에서 곧바로 시뻘건 불구덩이 속으로 던져졌다. 수많은 공정을 거치며 직원들의 땀방울이 그대로 스며들어 있는 제품이 순식간에 잿더미로 변했다.

그날의 불량 제품 화형식은 설 선물로 휴대폰 2,000여 대 가량을 임직원들에게 돌린 것이 발단이었다. '통화가 잘 되지 않는다', '제품에 문제가 있다'는 이야기가 휴대폰을 사용해 본 임직원들 사이에서 퍼져 나가면서, 급기야 불량 휴대폰이 시중에 돌고 있다는 보고가 고위층의 귀에까지 들어간 것이었다. 곧바로 모든 휴대폰을 회수하라는 명령이 떨어졌고 생산 라인도 멈추게 되었다.

시중에서 거두어들인 제품과 생산 중이던 모든 제품은 불량이라는 이름으로 그렇게 사라져 갔다. 당시 화형식에 참석했던 사업본부 임원 한 사람은 그때 그 장면을 다음과 같이 회상했다. "내 혼이 들어간 제품이 불에 타는 것을 보니 정말 말로는 표현할 수 없는 감정이 교차하더군요. 그런데 희한하게 타고 남은 재를 불도저가 밀고 갈 때쯤 갑자기 결연한 각오가 생겼습니다. 생각해 보니 그 불길은 과거와의 단절을 상징하는 것이었습니다."

그날의 화형식은 불량 제품을 제물로 삼은 일종의 제의祭儀였다. 그리고 새로운 역사의 시작이기도 했다. 그로부터 7년의 시간이 지난 2002년, 삼성은 휴대폰 판매 대수 4,300만 대에 이르는 세계 3위 업체가 되었다.

잿더미 속에서 사라져 갔던 제품은 당시 삼성전자 총 이익의 5.3%에 이르는 500억 원이라는 엄청난 규모였지만, 7년 후 3조 원이라는 이익으로 다시 되돌아왔다. 그리고 11년이 더 흐른 2013년 휴대폰 판매 대수는 4억 대를 뛰어 넘어 세계 1위가 되었고, 이익은 물경 20조 원을 상회하게 되었다.

☞ 평생의 3가지 진실

- 평생 한 번 오고, 다시 오지 않는 것: 시간時間, Time, 말言, Words, 기회機會, Opportunity
- 평생 누구나 갖고 있어야 하는 것: 희망希望, Hope, 평화平和, Peace, 정직正直, Honesty
- 평생 가장 고귀高貴한 것: 사랑愛情, Love, 친구親舊, Friend, 자신감自信感, Self-confidence
- 평생 결코 확실確實하지 않은 것: 성공成功, Success, 꿈理想, Dreams, 행운幸運, Fortune
- 평생 좋은 사람이 되게 하는 것: 성실誠實, Sincerity, 노력努力, Hard Work, 열정熱情, Compassion
- 평생 사람을 파괴破壞하는 것: 자존심自尊心, Pride, 욕심慾心, Greed, 화禍, Anger

☞ **Never break four things in your life. Trust, Promise, Relation & Heart, because when they break, they don't make noise but pain a lot.**
- Charles Dickens -

삶에 있어 소중히 지켜야 할 네 가지는 믿음 · 약속 · 인관 관계 · 상대의 마음이다. 이 네 가지는 깨질 때 소리는 나지 않지만, 큰 고통을 주기 때문이다.

시스템경영의 노림은
통제가 아닌 자율이다

기업 차원에서 얻는 시스템경영의 효과는 경영 혁신이다. 그렇다면 개인 차원에서 얻는 시스템경영의 효과는 무엇일까? 바로 자율이다. 기업의 경영 혁신이 유연성으로부터 비롯되듯이 구성원의 업무 혁신은 자율로부터 얻어진다. 자신의 능력을 최대한 발휘하는 구성원에게 시스템은 진정한 자율로 작용하며, 그것은 다시 능력의 재생산으로 이어진다. 다시 말해 자율과 능력 발휘가 순환 구조를 이룬다는 것이다. 하지만 시스템을 통제라고 여기는 구성원에게 업무 능력의 향상과 발전을 기대하기는 힘들다. 시스템을 활용할 줄 모르는 구성원은 그것을 형틀로 인식하며, 모든 면에서 제약을 받는다고 생각하기 때문이다. 그렇게 통제와 자율은 엄청난 결과의 차이를 보이지만, 따지고 보면 그 둘은 백지 한 장의 인식 차이에서 비롯된다. 구성원이 인식하는 방향에 따라 시스템은 '통제'가 될 수도 있고, '자율'이 될 수도 있다. 이러한 통제와 자율의 인식은 전적으로 구성원 본인에게 달려 있다. 그런 맥락에서 도요타 간판 시스템은 우리에게 많은 시사점을 던져 준다.

도요타는 구성원 중 누구라도 생산 라인에서 문제가 발견되면 그 즉시 가동 중단 방침을 세운 뒤, 다수의 협력 업체 경영자가 그 과정을 참관할 수 있도록 했다. 그 후 경영자들은 자신의 기업으로 돌아가 도요타 시스템을 구성원에게 적용하려고 시도했지만 처음에는 대부분 실패하고 말았다. 구성원 스스로 시스템을 받아들일 만한 의식 구조가 되어 있지 않았던 탓이다.

이쯤에서 시스템경영의 궁극적인 목표를 다시 한 번 짚고 넘어갈 필요가 있다. 발전하자는 것이다. 기업만 발전하는 것이 아니라, 구성원도 더불어 같이 발전하자는 것이다. 기업의 더 많은 이익을 위해 구성원을 무리하게 혹사시키는 발전이 아니라, 구성원 스스로 자기가 좋아서 자발적으로 열정을 쏟아 내며 스스로를 혹사할 수 있게 하는 발전이다. 그렇게 꾸준하고 지속적인 발전을 하자면, 중구난방식이나 주먹구구식 원칙으로는 조직을 이끌어 나갈 수가 없다. 모든 구성원을 아우르고 납득시킬 수 있는 발전적 모델과 공식이 필요하다. 구성원이 스스로를 향상시키는 시스템이라고 철석같이 믿을 수 있고, 또 그렇게 신뢰해야 하는 시스템이어야 한다.

그렇게 통제가 아닌 자율로서의 시스템이 발전하려면 무엇보다 먼저 그것과 친밀해져야 한다. 그리고 그것을 일상화해야 한다. 왜냐하면 시스템은 위기 상황이나 단기적인 효과를 바라보고 실행하는 특별한 제도가 아니기 때문이다. 우리가 매일같이 신호체계에 따라 길을 건너듯이, 그것 역시 매일같이 지켜져야 하는 일상日常, daily routine인 것이다. 그렇게 시스템과 친해지고 생활화가 되어야 지속적으로 추진할 수 있다. 그런 의미에서 기업은 이제 어떻게 하면 급변하는 경영환경에 적극적으로 대처하고 절체절명絶體絶命의 위기에도 흔들리지 않는 시스템을 구축할 수 있을 것인가를 고민하기보다, 오히려 어떻게 하면 구성원으로 하여금 시스템을 몸에 배도록 하느냐를 고민해야 한다. 그리고 그것이 그들을 위한 '최고·최선의 방도方道, Royal Road'임을 어떻게 깨닫게 할 것인지를 고민해야 한다.

아무리 맛있는 음식이라도 먹어 보지 않으면 진정한 맛을 알 수 없고, 아무리 좋은 물건도 써 보지 않으면 그 진가를 깨닫기 어렵다. 마찬가지로 회사가 가진 시스템이 얼마나 좋은 것이며 이로운 것인지를 구성원 스스로 깨닫게 하는 것은 그런 맥락에서 아주 중요하다고 할 수 있다.

기업은 구성원으로 하여금 시스템의 자율적 이로움을 스스로 최대한 만끽하도록 하는 자율경영을 실천하고, 구성원의 역량을 업무 프로세스에 연계하여 기업 가치로 곧바로 전환시켜야 한다. 많은 기업이 시스템경영을 도입하려고 시도하면서도 제대로 성공시키지 못하는 이유는 '시스템경영은 통제가 아닌 자율이며, 달콤한 열매가 될 수 있다'는 점을 구성원들에게 체득시키지 못해서다. 시스템경영은 말로만 하는 탁상공론이 아니라 구성원을 위한, 구성원에 의한 기업 성장의 최고 체계라는 것을 몸과 마음으로 실감하도록 해야 한다.

실제로 장수 기업이나 초일류 기업은 혁신에 대한 과제 해결에도 민감했지만, 그것을 근본적으로 받쳐 줄 '사람과 시스템'이라는 강력한 버팀목을 구비하는 데 온갖 정성을 기울였다. 어쩌면 일회적이고 단기적인 혁신에는 그러한 버팀목이 필요 없었을지도 모른다. 하지만 그들은 그렇게 해석하지 않았다. 그들이 추구하는 성장과 발전은 더 나아지고 좋아지는 상태이며, 더 높은 단계로 올라가는 것이었다. 그리고 기업과 구성원이 그런 지속적인 상태와 단계를 향해 함께 나아가는 것을 최고의 목표로 삼았다.

또 한 가지 간과하지 말아야 할 점은 그러한 장수 기업이나 초일류 기업은 구성원을 전적으로 믿고 의존하되, 그들이 결코 전부라고 생각하지는 않는다는 것이다. 한두 번의 성장과 발전 그리고 혁신은 역량 있는 구성원을 통해 성취할 수 있겠지만, 그것을 지속적으로 이루기 위해서는 이를 반드시 시스템화하지 않으면 안 된다는 것을 그 누구보다 잘 알고 있다.

　세상이 깜짝 놀랄 만한 성공을 거두고도 하루아침에 사라진 기업들의 공통점은 구성원의 역량을 정교한 시스템으로 발전적으로 재구성하여 재현성을 높이지 못했다는 것이었다. 그들 기업이 구성원에게 시스템이 얼마나 유용한 것이며, 그것이 구속과 통제가 아닌 자율의 극치라는 것을 좀 더 적극적으로 실감하게 했더라면, 아마도 결과는 달라졌을 것이다. 구성원에게 좀 더 시스템을 일상화하고 생활화하도록 해서 그것이 결국 그들 자신을 이롭게 하는 성과와 직결된다는 점을 깨닫게만 했어도, 기업의 역사는 다시 쓰여졌을 것이다.

　기업의 성공이나 발전은 한두 번의 결과를 가지고 말하지 않는다. 지속적이지 않으면 큰 의미를 부여할 수 없다. 결국 기업이 사람이고, 사람이 시스템으로 결속되어, 성과 극대화를 실현하는 것이 성공이고 발전이라는 이야기다. 구성원이 얼마만큼 그 기업의 시스템을 잘 이해하고, 그것에 잘 적응하고 동화되어, 제대로 활동하느냐 하는 것이 성공이고 발전이라는 것이다. 그렇게 되기 위해서는 구성원이 '시스템과 시스템적 사고'를 생활 습관으로 여겨야 한다. 습관처럼 자연스러워야 하고, 그것이 구성원의 삶을 더 나아지고 달라지게 한다는 자부심으로 바뀌어야 한다. 그래야 시스템이 통제가 아닌 자율로 받아들여지게 되는 것이다.

　조직의 구성원은 모두가 자신이 속한 기업의 성공이나 큰 발전 그리고 혁신 같은 거대한 명제를 달성하려고 노력하기보다는, 오늘부터라도 당장 자신이 속한 기업의 시스템이 자신의 생활 습관이 되도록 스스로를 바꾸어야 한다. '시스템과 시스템적 사고'가 몸에 배지 않는 한 자신과 자신이 속한 기업의 성공과 발전은 상상 속의 일일 뿐이다. '시스템과 시스템적 사고'가 바로 모든 것의 해법solution이기 때문이다.

☞ 코카콜라 회장의 유서

학자요, 정치가요, 목사요, 주한 미국 대사(1993~1997)였던 제임스 레이니는 임기를 마치고 귀국하여, 에모리 대학의 교수가 되었다. 건강을 위해 매일 걸어서 출퇴근하던 어느 날, 쓸쓸하게 혼자 앉아 있는 한 노인을 만났다.

레이니 교수는 노인에게 다가가 다정하게 인사를 나누고 말벗이 되어 주었다. 그 후 그는 시간이 날 때마다 노인을 찾아가, 잔디를 깎아 주거나 커피를 함께 마시며 2년여 동안 교제를 나누었다.

그러던 어느 날 출근길에서 노인을 만나지 못하자 그는 노인의 집을 방문하였고, 노인이 바로 전날 돌아가셨다는 것을 알게 되었다. 곧바로 장례식장을 찾아 조문하면서, 노인이 코카콜라 회장을 지낸 분임을 알고 깜짝 놀랐다. 그때 한 사람이 다가와 "회장님께서 당신에게 남긴 유서가 있습니다"라며 봉투를 건넸다. 그는 그 유서의 내용을 보고 너무 놀랐다.

"나의 친구 레이니에게! 당신은 2년여 동안 내 집 앞을 지나면서, 나의 말벗이 되어

146

주고, 우리 집 뜰의 잔디도 함께 깎아 주고, 커피도 나누어 마셨던 다정한 친구. 정말 고마웠어요. 나는 당신에게 25억 달러와 코카콜라 주식 5%를 유산으로 남깁니다."

뜻밖의 유산을 받은 레이니 교수는 세 가지 점에 놀랐다. 첫째, 세계적인 부자가 그렇게 검소하게 살았다는 것, 둘째, 자신이 코카콜라 회장이었음에도 자신의 신분을 밝히지 않았다는 것, 셋째, 아무 연고도 없는 자신에게 잠시 친절을 베풀었다는 이유로 그렇게 큰돈을 준 사실.

레이니 교수는 받은 유산을 에모리 대학 발전기금으로 내 놓았다. 제임스 레이니가 노인에게 베푼 따뜻한 마음으로 엄청난 부가 굴러 들어왔지만, 그는 그 부흡에 도취되어 정신을 잃지 않았다. 오히려 그 부흡를 학생과 학교를 위한 발전기금으로 내 놓았으며, 그에게는 에모리 대학의 총장이라는 명예가 주어졌다.

☞ 건전한 종교 윤리와 건강한 경제 원리

영국의 경제학자 알프레드 마샬(Alfred Marshall, 1842~1924)은 인류의 길고 긴 역사에서 가장 영향을 끼쳤던 두 분야를 거론하면서 '종교와 경제' 라고 했다. 그래서 건전한 종교와 건강한 경제가 합하여 질 때에는 국민들의 삶이 윤택하였으나, 종교가 사이비로 흐르고 경제가 흔들렸을 때는, 국민들의 삶이 어려움에 빠졌다고 한다. 그런데 독일의 사회학자 막스 베버(Max Weber 1864~1920)는 그렇게 건전한 종교 윤리와 건강한 경제원리가 합하여져 바람직한 경제제도를 이룬 대표적인 경우로 자본주의를 들었다. 기독교 신앙인들의 바른 직업관과 바른 재물관, 그리고 성서적인 생활 윤리가 합쳐져 자본주의를 발전시켰다고 한다. 베버가 주목한 기독교의 생활윤리는 정직과 근면, 김소와 절약, 지축과 투자로 이어지는 인간생활의 기초와 기본에 관한 정신이다. 이런 생활윤리가 기초와 기본이 되어, 자본주의라는 경제제도를 발전시키는 원동력이 되었다는 것이다.

5

시스템경영과
자율경영

자율경영의 필수 조건,
시스템경영

　자율경영을 실현하기 위해서는 우선 주변환경과 끊임없이 교감해야 한다. 그리고 내부 커뮤니케이션이 자유롭고 신속하게 이루어져야 한다. 뿐만 아니라 필요한 순간에 필요한 사람에 의해 의사결정이 빠르게 이루어지고, 전략 수립부터 실행에 이르는 전 과정이 통합적으로 이루어져야 한다. 즉, 프로세스 전체가 분화와 통합 및 연속의 원리에 따라 움직일 수 있는 유연한 고효율의 운영 시스템을 만들어야 한다. 기업은 이러한 자율경영을 통해 환경 변화에 유연하게 대처해 나갈 수 있게 되는 것이다.

하지만 설령 이런 유연한 고효율의 운영 시스템이 갖추어져 있다 할지라도, 이를 운영하는 구성원의 의식과 행동 관행이 구태의연하여 목표를 보수적으로 수립하는 등 진취적이며 도전적인 활기찬 조직 문화가 뒷받침되지 못한다면, 결국 과거의 경영 패턴을 답습하게 되어 환경 변화에 적절히 대응하지 못하고 생존을 위협받게 된다. 따라서 지속적이고 근본적인 변화를 가능하게 하기 위해서는 구성원이 도전적인 목표를 설정하고 창의력과 열정을 가지고 어려운 여건 하에서도 이를 끝까지 달성해 가도록 하는, 진취적이며 도전적인 활기찬 조직 문화를 만들어야 한다.

이를 한마디로 요약하면 자율경영은 결국 사람과 시스템을 중심으로 경영의 기초를 튼튼히 하여 구성원과 시스템의 유연성과 탄력성을 강화하는 한편, 경영의 기본인 성과주의경영을 근간으로 하는 운영 메커니즘을 효율화하여 구성원과 시스템의 전문화와 차별화를 강화해야 하는 것이다.

이와 같이 자율경영이 잘 이루어지는 조직은 구성원이 주인의식과 일에 대한 뜨거운 열정을 가지고, 책임의식이 강한 경영자 마인드와 성과주의 운영 시스템에 의한 분권경영을 통해 경영 현장에서 적시適時에 유연한 대응력을 갖도록 함으로써, 경영 성과에 대해 책임을 지도록 함과 동시에 권한과 책임 부여 및 성과 보상에 의한 동기부여로 조직의 성과가 극대화되도록 하는 것이 자율경영의 목적이요 본질이라고 할 수 있다.

이처럼 분권경영decentralization이나 위임경영delegation이 실효를 거두게 되는 것은 기업의 규모가 점점 커지고 구성원의 숫자가 많아질수록 몇몇 사람이 의사결정을 전적으로 책임지는 환경이 불가능해졌기 때문이다. 기업의 규모가 소규모일 때는 소수의 경영자가 기업 전반을 아우를 수도 있겠지만, 일정 수준 이상이 되면 그런 양상은 힘들어진다. 또한 환경 변화가 급격하고 불확실해질수록 기업은 시장 및 고객과의 접점moment of truth[15]에 대한 권한 위임이 불가피해진다. 고객의 니즈를 누구보다 빨리 파악하고 최대한 충족시킬 수 있으며 빠른 속도로 수행할 수 있는 '위치와 자리'가 절실해지기 때문이다. 현장에서 고객과 교감하고 고객의 소리를 가장 가까이서 들을 수 있는 일은 몇 명의 경영자가 해결할 수 있는 일이 아니다. 책임과 권한의 적절한 하부 위양이 절대적으로 필요한 이유는 바로 그 때문이다. 물론 그와 함께 동전의 다른 한 면처럼 반드시 따라와야 하는 것이 유연성이다.

유연성이 조직 전체에 배어 있는 기업은 혁신을 이룰 가능성이 높아진다. 유연성에 집중할 때 구성원의 아이디어와 실행 능력이 배가되기 때문이다. 구성원은 그들의 능력이 경영에 반영되고, 아이디어가 업무 프로세스에 적용되는 것을 경험하며 더욱더 혁신적인 방법을 창출하기 위해 노력하게 된다. 그렇게 되면 기업경영은 자연스럽게 성공적인 방향으로 나아가게 된다.

자율경영의 목적은 권한과 책임의식을 가진 개별 구성원의 경영 활동이 전체 시스템으로 통합되어 성과가 극대화되도록 하는 것이다. 다시 말해 자율경영의 핵심 사상이자 전제 조건은 책임경영❶ 의식이고 성과주의경영❷ 의식이라는 것이다. 결국 '자율경영 = 책임경영❶ + 성과주의경영❷ ➔ 성과 극대화'라는 공식이 성립하는 것이다. 만약 권한을 위양받은 하부 계층이 자율적인 경영 활동을 전개하면서 성과를 내지 못한다면, 그것은 진정한 자율경영이라고 할 수가 없다. 그런 자율경영은 결국 무책임한 방임경영으로 흐르기 쉬우며 혼란과 위험을 초래할 수 있기 때문이다.

자율경영은 개별 조직이나 조직 구성원에게 무엇이든지 마음대로 하게 하는 위임이나 방임이 아니다. 창의적인 활동을 제약하지 않으면서도 그들의 활동이 기업 전체의 비전과 전략을 실현하는 방향으로 모아지게 하는 경영이다. 또한 주주 가치❶재무 가치 + 브랜드 가치의 극대화, 종업원 가치❷EVP = 직업 가치 + 직장 가치의 극대화, 사회적 가치❸고객 가치 + 공익 가치의 극대화를 통해 주주, 종업원, 고객을 동시에 만족시키는 것이다. 뿐만 아니라 경영 성과의 극대화를 통해 회사의 생존 및 지속적인 성장과 발전을 이루도록 하는 것이다.

자율경영은 '책임경영'의 다른 말이지만 그 의미는 같은 셈이다. 조직 구성원은 맡은 일에 대해 책임질 뿐만 아니라, 자신이 하고 있는 일과 효율에 대해서도 문제 해결 능력과 리더십을 갖추어야 한다. 이처럼 구성원의 책임경영이 실현되기 위해서는 경영자나 관리자가 성과치에 대해 구체적으로 명시해 주어야 한다. 예를 들면 성과 지표를 개발하고 측정하고 어떻게 평가할 것인가 하는 평가 시스템 구축이 우선적으로 마련되어야 한다는 것이다. 이때 성과 측정 및 평가 시스템 구축은 구성원이 창의성을 충분히 발휘해, 기업의 가치와 성과를 극대화할 수 있도록 만들어져야 한다. 책임질 사람이 권한을 가지고 책임질 수 있도록 책임 회계제도가 확립되어야 하며, 책임 중심점[16] 별로 회계 정보가 뒷받침되어야 한다.

책임 회계제도의 확립은 성과관리 시스템과 제반관리 시스템 등의 경영 인프라가 체계적이고 조직적으로 구축되어 연계성을 가지고 작동될 때 비로소 이루어진다. 일상적인 업무가 시스템과 실무진에 의해 철저하게 효율적이고 자율적으로 집행되고 관리됨으로써, 경영자나 관리자가 환경 변화에 따른 예외관리와 불확실한 미래에 대비하기 위한 전략경영에 집중할 수 있게 되는 것이다.

경영 활동의 최우선 가치는 성과의 극대화다. 그러한 성과 극대화는 성과 지향의식을 통해 실현된다. 다시 말해 자율의식과 권한 위양이 이루어지기 전에 성과주의의식이 그보다 먼저 고취되어 있어야 한다는 것이다.

물론 그것을 강력하고 확실하게 뒷받침할 수 있는 성과관리 시스템이 필수 선결 과제다. 조직 내 모든 부서가 맞물려 돌아가며 동력을 전달하는 톱니바퀴 같은 존재이기 때문이다. 기업은 여러 개의 단위 조직으로 구성되는 하나의 시스템이며, 또 여러 기능의 하위 시스템으로 구성되어 있다. 이와 같은 하위 시스템이 상호 유

기적으로 결합하여 작용될 때 조직 전체의 성과와 유효성이 보장
된다.

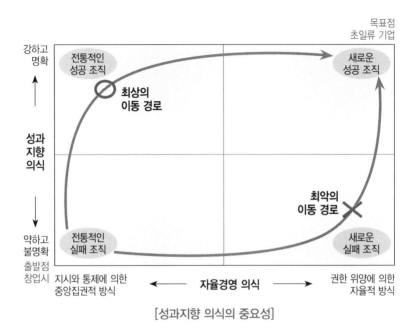

[성과지향 의식의 중요성]

자율경영의 최종 목적은 조직의 성과를 극대화하는 것이지만, 구
성원의 역량과 노하우 축적도 당연히 포함되어 있음에 유의해야 한
다. 업무를 진행하다 보면 크든 작든 문제가 발생하고, 그것을 해결
하면서 얻게 되는 노하우도 성과이기 때문이다. 그렇게 축적된 노
하우는 유사한 문제가 발생했을 경우, 시간과 에너지를 줄일 수 있
는 소중한 지적 자원이자 역량이 된다. 구성원 각자가 보완해야 할
점과 미흡한 점을 스스로 발견하고 그것이 좀 더 나아지도록 개선

하면서 조직의 성과에 기여하는 것, 그것이 바로 진정한 자율경영의 가치이자 목적이다.

15 이 말은 원래 투우 용어로서, 스웨덴의 마케팅 학자인 리차드 노먼Richard Norman이 마케팅에 도입·적용하면서 고객 서비스에 종사하는 사람들에게 널리 사용하기 시작한 개념이다. 투우에서 사용하는 이 말의 원래 의미는 '투우사가 투우의 숨통을 끊어서 마지막 끽소리를 못하게 하는 순간'이라고 한다.

'Moment of Truth'의 직설적인 의미는 '진실의 순간'이 되겠지만, 마케팅에서는 그 의미에 중점을 두어 '결정적 순간'이라고 의역해 사용하고 있다. 즉, 결정적 순간이란 '고객이 조직의 한 접점 또는 어느 일면과 접촉하는 순간으로서, 그때의 서비스의 질에 대해 무엇인가의 인상을 받게 되는 충격의 순간'이라는 뜻으로 사용되고 있다. '결정적 순간'은 대략 다음 세 가지 정도로 구분해 볼 수 있다.

첫째는 사람에 의한 결정적 순간이다. 이는 고객을 직접 대하는 담당자들에 의해 결정적 순간이 이루어진다. 담당자들의 판단과 행동에 따라 고객의 만족도가 판이하게 달라질 수 있는 것이다.

둘째는 시설이나 설비에 의한 결정적 순간이다. 고객이 보고 느끼는 모든 하드웨어적인 사물 즉, 회사의 건물·간판·집기 비품·휴게실·화장실·사무실 등에 의해서도 결정적 순간이 이루어진다.

셋째는 정보에 의한 결정적 순간이다. 고객에게 제공되는 정보의 내용·광고 선전·판촉 이벤트·전시회·소문이나 구전 등이 결정적인 요소가 되는 것이다.

결국 이런 '결정적 순간'들이 효과적인 것으로 작용할 수 있도록 이와 관련된 것을 사전에 혁신시켜 나가야 한다. '결정적 순간'에 고객에게 좋은 인상을 줄 수 있는 참고할 만한 방법으로는 신속Speed·성실Sincerity·미소Smile·연구Study·스마트Smart의 '5S 원칙'이 있다.

16 1. 원가 발생에 대해 책임을 지는 원가 중심점
   2. 수익 발생에 대해 책임을 지는 수익 중심점
   3. 수익과 원가 모두에 대해 책임을 지는 이익 중심점
   4. 수익과 원가뿐만 아니라 투자에 대해서도 책임을 지는 투자 중심점

성과주의가 부실한 자율경영은
무의미하다

초등학교 학생들이 공원으로 소풍을 가서 점심을 먹은 뒤 선생님이 자유 시간을 주면, 정해진 시간에 정해진 공간에서 자유롭게 놀다가 약속된 장소로 집합한다. 만일 시간도 정해지지 않고 장소도 한정되지 않는다면, 저녁 때가 다 되어서야 돌아오는 학생도 있을 수 있고, 장소를 이탈해 혼자 돌아다니는 학생도 생겨날 수 있다. 선생님이 '한 시간 이내, 공원 안에서'라고 한정짓지 않는다면, 이처럼 여러 가지 혼란과 위험이 초래될 수 있다. 여기서 '한 시간 이내, 공원 안에서'라는 한정은 관리 시스템에 해당된다. 모든 구성원이 자유롭게 행동할 수 있는 것은 시스템이라는 장치가 있기 때문에 가능해지는 것이다.

이는 기업도 마찬가지다. 만일 성과주의 관리 시스템을 가동하지 않은 채 자율경영을 시도한다면, 바라던 성과는 고사하고 예상치 못한 혼란과 위험이 끊임없이 초래될 위험성이 많다. 자율경영을 도입한 많은 기업이 성과를 올리지 못한 원인 중 하나는 필시 그것을 뒷받침할 만한 성과주의 관리 시스템을 마련해 두지 못했기 때문이다. 그런 기업 중에는 자율경영의 개념을 경영자의 관리 활동이나 책임이 줄어들거나, 구성원 각자가 알아서 경영하는 것쯤으로 몰이해沒理解하는 경우도 있다. 그러니까 무늬만 자율경영이라는 명목을 내세우며, 기존 관리 방식을 그대로 고수한 것이다.

기업이 성장하고 발전하기 위해서는 성과 극대화도 필요하고 자율경영도 필수적이지만, 그것을 받쳐 줄 수 있는 철저한 성과주의 의식에 바탕을 둔 성과관리 시스템이 없이는 모두 불가능한 일이다. 그것은 입으로만 열심히 잘하자고 외치면서 뒷짐지고 있는 것이나 마찬가지다. 구성원 스스로 보편적이고 도덕적인 판단에 의해 열정을 다하는 자율경영을 정착시키기 위해서는 정교한 성과주의 관리 시스템이 절대적인 선결 필수 요건임을 간과해서는 안 된다.

조직 내에서 자율이라고 하는 것은 '시스템 안에서의 자유의지'를 말한다. 자유의지가 그야말로 자유롭게 빛을 발할 수 있는 것은 성과주의 관리 시스템이 뒷받침되어 있기 때문이다. 진정한 의미의 자율경영을 뒷받침할 수 있는 새로운 관리 방식으로 하버드 대학 시몬스 교수가 말하는 네 가지 시스템, 즉 진단적 통제 시스템, 상호작용 통제 시스템, 신념 체계, 경계 시스템이 제시되며 그 개요를 보면 다음과 같다.

진단적 통제 시스템Diagnostic Control System은 자기 지배의 원리에 의해 개인의 역량을 배양하고 조직의 성과를 향상시키기 위해, 핵심 목표를 분명히 설정하고 계획 대비 실적을 점검하고 측정하는 목표관리 방식MBO의 통제 시스템이 전제되어야 한다. 과거 기업에서 사용되던 성과 측정치는 주로 매출액이나 수익률 같은 재무적 성과만을 측정하는 재무적 성격이 강했다. 하지만 그렇게 재무적인 최종 성과만 측정하는 시스템으로는 구성원의 구체적인 경영 활동을 파악하거나 가이드를 할 수 없다. 따라서 기업에서 구성원의 활동이 책임 있는 목표 달성 과정으로 자리매김하기 위해서는 새롭고 정교한 성과관리 지표가 필수적이다.

상호작용 통제 시스템Interactive Control System은 현장과 경영층이 공식적이고 조직적인 대화를 통해 사업의 전개 방향을 지속적으로 점검하고 재검토해 나가는 관리 방식을 말한다. 기업의 규모가 소규모일 때는 경영자와 관리자 그리고 구성원이 대면 접촉을 할 기회가 많지만, 그렇지 않은 경우에는 공식적으로 대화를 할 수 있는 시스템을 만들어야 한다. 시장조사나 고객의 니즈를 정확하고 빠르게 파악할 수 있는 환경 변화 측정 데스크가 필요하다는 것이다. 이러한 상호작용 통제 시스템에 의해 경영층은 전략적 불확실성에 관심을 집중하여 경쟁환경의 기회와 위협을 파악하고, 적시에 대응해 나갈 수 있게 된다. 그리고 예측하기 힘든 부문에 대해서는 현업에 종사하는 실무자들과 대화의 장을 마련하여, 지속적인 정보 교환 및 공유를 통해 환경 변화에 신속하고 유연하게 대응해 가면서, 조기에 현업의 구조적인 문제점을 도출하여 해결할 수 있게 된다.

신념 체계Belief System는 핵심 가치 및 사명을 전달함으로써, 구성원이 회사가 지향하는 가치를 창출하도록 하는 것이다. 구성원에게 행동 기준과 구체적인 행동 사례를 제시함으로써, 구성원으로 하여금 자부심을 가지고 조직이 나아갈 방향으로 자율적인 행동을 촉진하게 하는 열린 개념이다.

신념 체계의 주목적은 개성과 마인드가 제각각인 다수의 구성원을 제도적인 규약만으로 통제하기란 쉽지 않다는 약점을 보완하는데 있다. 제도적인 규약은 특성상 강제적이고 억압적이므로, 그러한 제도적인 약점을 보완하기 위해 의식적이고 감성적인 시스템으로서의 신념 체계가 필요한 것이다.

경계 시스템Boundary System은 구성원이 피해야 할 행동과 함정을 제시해 주는 경계 체계다. 즉, 구성원에게 '무엇을 해서는 안 된다'는 것을 일깨워 주는 가치 체계다. 신념 체계에 의해 발생할 수 있는 잘못된 열림을 통제하는 최소한의 닫힌 개념으로, 윤리 강령 및 행동 규범 등이 이에 해당된다고 할 수 있다.

여하튼 성과주의 관리 시스템이 확립되어 있지 않은 기업의 구성원은 책임의식도 덩달아 소홀해지기 쉽다. 솔로몬 브라더스 사社가 미국 재무성의 입찰 규정을 어긴 몇 명의 구성원 때문에 사회적인 비난과 큰 손해를 감수했던 사례는 '자율경영도 관리되어야 한다'는 좋은 교훈을 남겼다. 자율경영은 구성원이 무엇이나 마음대로 해도 된다는 뜻이 아니다. 구성원은 철저한 성과주의 관리 시스템 안에서 책임감을 가지고, 기업의 경영이념이나 목표를 향해 전략적으로 수용 가능한 행동을 함으로써, 기업의 성장과 발전에 기여해야 한다. 기업은 기업대로 구성원의 창의적인 활동을 제약해서는 안 되며 그들의 활동이 기업 가치나 성과 극대화로 실현될 수 있도록 지원해야 한다.

자율경영과 방임경영의 차이는 책임이 있고 없고의 차이일 뿐만 아니라, 성과주의 관리 시스템의 유무를 나타내기도 한다. 결국 책임이야말로 성과주의 관리 시스템이 낳은 행동 가치라는 이야기다. 자율경영의 필요조건은 책임이지만 그 책임은 성과주의 관리 시스템이 만들어 내는 것이다. 성과주의 관리 시스템이 뒷받침되지 않은 자율경영은 성과를 내기도 어렵거니와 그 자체가 무의미한 것이 되고 만다.

평가는 냉혹하지만,
효과는 달콤하다

비즈니스에서 수익을 최대화하는 데 필요한 것은 무엇일까? 바로 '좋은 경영과 집중'이다. '좋은 경영과 집중'의 요체는 초점이 아주 분명한 평가 시스템과 보상 시스템이라고 할 수 있다.

자율경영을 진행하면서 가장 중점을 두어야 할 것은 바로 평가 및 보상 시스템이다. 평가 및 보상 시스템은 완벽한 자율경영을 실현하기 위해서도 그렇지만, 기업의 성공적인 전략 수행이나 구성원의 긍정적인 의식 형성을 위해서도 중요하다. 구성원의 업무나 관리 기술을 업그레이드하고, 동기부여를 위해서도 반드시 필요하다. 성과급이나 각종 인센티브 등의 금전적 보상이나 칭찬·교육·승진·전배 같은 비금전적 보상이 모두 이런 보상 시스템에 포함된다. 물론 이런 보상 시스템은 냉혹하고 엄정한 평가 시스템에 의해 주어지는 달콤한 효과, 이른바 평가 효과effect of evaluation라고 할 수 있다.

평가는 옳고 그름과, 좋고 나쁨, 위해危害와 이익에 대한 판단이다. 그러한 평가에 대해 정당한 효과를 인정받는다는 것은 구성원이 기업 안에서 누릴 수 있는 최대의 보람이자 결실이다. 또한 평가는 객관적이고 보편적일 때 충분한 효과와 유익함을 발할 수 있다. 예를 들면 학교에서 행하는 수행평가는 학생이 학습 내용을 숙지하고 있는지를 확인하는 과정이다. 만약 수행평가를 하지 않는다면, 스스로 알아서 공부하는 학생 수는 급격하게 줄어들 것이다. 그런 맥락에서 수행평가는 학생을 공부하게 만드는 평가 시스템인 것이다. 교사 입장에서는 어느 학생이 어느 정도 학습 내용을 인지하고 있는지에 대한 지표가 되기도 한다. 뿐만 아니라 학생마다 주지 내용을 습득하는 능력이 다르기 때문에 개인차를 파악할 수도 있다. 수행평가라는 시스템으로 알게 된 지표로 다음 수업에서의 속도나 학습 주지 시 난이도를 결정하게 된다. 그래서 수행평가의 궁극적인 목적은 좀 더 효과 높은 수업과 학생들의 학습 동기부여 및 개선 방향을 제시하는 것이라고 할 수 있다.

기업에서 행하는 구성원 평가 역시 좀 더 나은 효과와 동기부여 및 개선 방향을 찾기 위한 것이다. 구성원 개인에 대한 평가도 그렇지만 조직에 대한 평가도 그렇다. 여기서 한 가지 짚고 넘어가야 할 점은 너무 개인에 대한 성과에 집착하다 보면, 구성원이 팀워크보다는 개인적인 성과 달성에 더 치중할 수도 있다는 것이다. 만약 그렇게 된다면 공동의 성과를 소홀히 할 수 있으며, 팀워크를 저해하는 바람직하지 않은 문제를 발생시키기도 한다. 자율경영을 통한 평가와 보상으로 성과를 극대화하자는 본래 취지를 무색하게 만들 수도 있다는 것이다. 연공서열을 의식한 보상 역시 그러한 취지를 흐리게 만드는 요인이 될 확률이 높다.

설령 보상 시스템이 당초의 취지에 부합하더라도, 조직이 구성원의 멀티 스킬링multi-skilling을 구현해 내지 못한다면 그 또한 문제가 된다. 기업이 성장하고 발전하려면 구성원의 스킬이 다기화多枝化되고 성숙되어야 하는 바, 그것이 불가능해지면 경영 자체가 불안정해진다. 따라서 평가의 잣대를 예리하고 엄정하게 들이대면 들이댈수록 보상의 정교성은 확연하게 드러나게 되고, 구성원의 참여도를 더 확대·심화시킬 수 있는 것이다. 그러므로 평가는 엄정하고 냉혹하게 하되, 구성원이 선의의 경쟁을 하면서 서로 부족한 점을 보완하고 협조할 수 있는 근무환경과 여건을 조성하는 것도 그에 못지않게 중요하다. 자율경영을 실시할 수 있는 기업은 이미 어느 정도 수준의 궤도에 진입했다는 이야기이므로 평가관리에 있어서도 공정하고 객관적이며 납득할 수 있는 것이어야 한다. 평가에 대한 효과는 기업 차원에서만 누리는 혜택이 아니라, 구성원 각자에게 돌아가는 효과는 그 이상으로 달콤하고 보람된 것이어야 한다. 그런 면에서 엄정한 평가와 보상은 단지 보상과 보람으로만 끝나는 것이 아니라 더 나은 발전을 위한 밑거름이 되는 밀알이 되도록 해야 한다.

☞ 사형수에게 주어진 마지막 5분

어느 젊은 사형수의 사형을 집행하던 날, 형장에 도착한 그 사형수에게 마지막 5분의 시간이 주어졌다. 28년을 살아온 그에게 마지막으로 주어진 최후의 5분은 비록 짧지만 너무나도 소중한 시간이었다.

마지막 5분을 어떻게 쓸까? 그는 고민 끝에 결정했다. 나를 알고 있는 모든 이에게 작별 기도를 하는데 2분, 오늘까지 살게 해 준 하나님께 감사하고, 곁에 있는 다른 사형수에게 한마디씩 작별인사를 나누는 데 2분, 나머지 1분은 눈에 보이는 자연의 아름다움과 지금 최후의 순간까지 나를 서 있게 해 준 땅에 감사하기로 마음을 먹었다. 흐르는 눈물을 삼키면서 가족과 친구들을 생각하며 작별 인사와 기도를 하는데 벌써 2분이 지나 버렸다. 그리고 자신에 대해 돌이켜 보려는 순간, '아! 이제 3분 후면 내 인생도 끝이구나' 하는 생각이 들자 눈앞이 캄캄해졌다. 지나가버린 28년이란 세월을 금쪽처럼 아껴 쓰지 못한 것이 후회됐다. '아! 다시 한 번 인생을 살 수만 있다면…' 하고 회한의 눈물을 흘리는 순간, 기적적으로 사형집행 중지 명령이 내려와, 간신히 목숨을 건지게 되었다고 한다.

구사일생으로 풀려 난 그는 그 후 사형집행 직전에 주어졌던 그 5분의 시간을 생각하며, 평생 시간의 소중함을 간직하고 살았으며, 하루하루 매 순간을 마지막 순간처럼 소중하게 생각하며 열심히 살았다고 한다.

그 결과 그는 『죄와 벌』, 『카라마조프가家의 형제들』, 『영원한 만남』 등 수많은 불후의 명작을 발표하여, 톨스토이에 비견되는 세계적 문호로 성장하였다. 그 사형수가 바로 도스토예프스키였다.

자율경영의 구축 방향,
유연성이 혁신 능력

　과거 고성장 시대에는 안정적인 시장 수요를 바탕으로 품질과 생산성 및 원가 면에서 얼마나 경쟁력을 확보할 수 있는가 하는 것이 경영의 관건이었다. 하지만 이제는 품질과 가격뿐만 아니라 경영환경에 얼마나 유연하게 조직적으로 대응할 수 있는가 하는 것이 경영의 새로운 초점이 되고 있다. 다시 말해 유연성의 확보가 경쟁 우위의 가장 중요한 요소로 부각되었다는 것이다. 유연성柔軟性은 말 그대로 원칙에 얽매이지 않고 상황에 따라 융통성을 발휘하는 것이다. 따라서 과거의 통제관리 중심의 지시 일변도에 따르는 다계층 조직 구조나 획일적인 사고에서 비롯된 경직된 경영 방식에 의해서는 확보되기 어렵다. 책임과 권한의 위양을 통해 자율과 자기 책임을 바탕으로 조직 구성원이 잠재 능력과 창의력을 최대한 발휘해, 조직 목표 달성에 자발적으로 몰입할 때 비로소 가능해지기 때문이다.

그러한 유연성의 의미는 고객 측면과 환경 변화 측면으로 나누어 볼 수 있다. 고객 측면은 다시 전략 차원과 생산 차원으로 나뉘는데, 전략 차원은 고객의 욕구 변화에 따라 전략을 적절하게 수립하고 신속하게 수행해 나가는 것을 의미하며, 생산 차원은 제품을 변화시키고 수정시킬 수 있는 능력을 의미한다. 환경 변화 측면은 경영환경 변화와의 상호작용 과정에 조직이 능동적으로 대응하는 능력, 예컨대 전략적인 기동력을 발휘하여 신기술의 도입 및 생산 등으로 적극적으로 시장을 개척해 나가는 혁신 능력을 의미한다.

시스템을 잘 구축하는 것보다 더 중요한 것은 시스템을 효율적으로 잘 운영하는 것이다. 조직과 구성원이 시스템의 틀을 마련한 뒤, 그 상태를 어떻게 유지·보존하고 발전·성숙시킬 것인가 하는 문제는 시스템경영 정착의 핵심 조건이다. 그 때문에 기업은 나름대로의 시스템을 구축하고 난 후, 그동안 겪은 시행착오를 바탕으로 시스템경영의 고도화에 박차를 가하는 것이다. 고도화는 혁신이나 조율, 변화, 가속화 등의 이름으로 불리지만 결국은 더 나은 발전을 꾀하며 최고의 수준을 달성하려는 시스템경영의 고도화인 것이다.

시스템경영은 어느 기업이나 '사람과 시스템'이 기초가 되어야 하는 것은 마찬가지다. 하지만 기업마다 특이 사항이 존재하기 때문에 모든 기업이 똑같은 시스템으로 관리될 수는 없다. 예를 들면 신규 사업 확장에 박차를 가하는 기업과 한 가지 아이템만으로 해외 진출을 목표로 하는 기업이 다른 경우다.

신규 사업 확장이 주요 목표인 기업은 개발 쪽에 더 무게를 두는 시스템을 강조할 것이고, 해외 진출이 목표인 기업은 해외시장 개척에 무게를 두는 시스템에 주력할 것이다. 또 계열사가 많은 기업인 경우, 수익 구조에 따라서도 시스템경영의 양상은 달라질 수 있다. 제품의 고급화나 전략적인 신제품 개발을 통한 사업 기반을 확충하는 것도 고도화 전략으로 가능해진다. 금융 분야의 경우 금융 신상품을 개발해 고객 확대를 꾀하기도 한다. 그래서 기업마다 고유한 시스템 성격을 갖게 되는 것이고, 그것은 시스템경영 고도화의 기본 틀이 되는 것이다.

경쟁력을 확보하기 위해서는 완벽한 시스템을 갖추어야 하지만, 그것이 모든 상황마다 항상 완벽한 효과를 가져오지는 않는다는 점을 알아야 한다. 위기나 예측 불가능한 상황이 벌어지면 시스템이 제 기능을 발휘하지 못하는 경우도 발생하기 때문이다. 물론 완벽한 시스템경영이라면 그러한 예외적인 경우에도 실효를 거둘 수 있도록 그에 대비하는 시스템 역시 미리 갖추어져 있어야 한다. 이른바 시스템적 유연성이다. 시스템 너머의 시스템까지도 아우르는 경영관리 능력인 것이다.

원래 시스템경영은 표준標準 standard 즉, '원칙과 원리'에 의한 경영이라고 볼 수 있다. 하지만 시스템경영의 고도화를 이루기 위해서는 좀 더 유연하고 탄력적인 의미로의 확장 개념이 필요하며, 여러 가지 경우도 고려해야 한다. 예를 들면 비상경영전략 역시 시스템화되어 있어야 한다는 것이다.

시스템경영과 비상경영은 그 의미부터 다르지만, 확장 개념으로 파악하자면 비상경영 역시 시스템경영에 포함되는 것이다. 그것이 바로 기업이 입버릇처럼 말하는 위기관리 능력이다. 시나리오경영이라고 말하는 것도 경영환경 변화에서 발생하는 모든 위험 요인을 최소화하기 위해 만들어진 것이다. 아무리 불안감과 위기감이 조성되는 경영환경일지라도 그것에 대한 준비를 철저히 하겠다는 전략인 셈이다. 그러므로 불확실성에 대한 대응책 등은 시스템적 사고와 그에 기초한 가치판단에 의해 해법이 제시될 수 있도록 고려되어야 한다.

실제로 일본의 전자 산업 분야에서는 반도체나 컴퓨터 등의 급변하는 산업에 대비하기 위해 이러한 시나리오경영을 현실화하고 있다. 그런 맥락에서 비상경영이나 위기관리도 시스템경영의 일부분이라고 할 수 있다. 다시 말해 시스템경영이 잘 이루어진 기업은 비상경영에 대한 기초적인 대비도 어느 정도 되어 있다고 이야기할 수 있지만, 그 반대로 비상경영이나 위기관리 능력이 탁월한 기업이라고 해서 반드시 시스템경영이 잘 정착되어 있다고 말할 수는 없다.

시스템경영의 고도화는 비상경영이나 위기관리까지도 시스템적 사고와 이의 가치 판단에 의해 시스템적으로 해결될 수 있도록 하는 것을 말한다. 평상시가 아닌 위기 때나 불황 때에도 자율경영과 책임경영이 완벽하게 이루어져야 한다는 것이다. 그러기 위해서는 경영 계획과 실적 분석이 실시간으로 연동관리되고, 환경 변화에 따른 경영 계획을 수정함에 있어서도 보다 정교하고 과감해져야 한다. 예를 들면 '경영 현황 속보판RTE dashboard' 같은 시스템을 도입해, 기존에 운영하던 시스템에서 관리하고 있는 정보나 수치를 실시간으로 관리할 수 있는 시스템을 활용하는 방법 등이다. 이것은 일종의 비행기 조종석의 계기판을 뜻하는 '조종 시스템cockpit system' 처럼 기업의 모든 정보를 실시간으로 파악할 수 있는 시스템이다.

자율경영이 기업의 최대 관심사이자 화두로 떠오른 이유도 이러한 유연성과 탄력성 때문이다. 유연성과 탄력성이 정치나 통치 측면에서도 강력한 지배 구조를 형성했던 예는 고대 로마에서도 찾아볼 수 있다. 고대 로마인은 지성 면에서는 그리스인보다 못하고, 용맹 면에서는 갈리아인보다 못하고, 체력 면에서는 켈트인이나 게르만인보다 못하고, 기술 면에서는 에트루리아인보다 못하고, 경제력 면에서는 카르타고인보다 뒤떨어져 있었음에도 불구하고 아주 오랫동안 거대한 문명권을 형성하고 번영을 구가했다. 다름 아닌 그들의 관용성이 뒷받침된 특유의 개방성과 탄력성이 유연한 통치를 가능하도록 했기 때문이다. 그들은 지배자의 위치에 있으면서도 피정복민에게 그들의 문화와 언어 및 종교를 강요하지 않았다. 다른 민족들이 그들 고유의 것을 지킬 수 있도록 배려하면서 로마라는 큰 울타리의 일원이 될 수 있도록 이끌었다. 결국은 자율이 하나로 어우러지는 힘을 생성했던 것이다.

자율경영도 이와 마찬가지다. 구성원 각자가 환경 변화에 실시간으로 대응하는 능력을 지원하고 보정해 주는 시스템의 유연성을 조직 문화로 정착시키면서 하나로 아우르는 시스템을 발동시키는 것이다. 그것은 성과는 물론 품질과 원가까지 세 마리 토끼를 동시에 잡을 수 있는 가장 확실하고 효과적인 방법이며, 기업 목표를 향해 구성원의 능력을 모으는 시스템의 꽃이라고 할 수 있다.

☞ I will not say I failed 1,000 times, I will say that I discovered there are 1,000 ways, that can cause failure.   - Thomas Edison -
나는 1,000 번 실패 한 것이 아니다. 단지 실패할 수 있는 1,000 가지 방법을 알아낸 것이다.

6

시스템경영과
성과주의경영

시스템경영의 운영 메커니즘,
성과주의경영

▶▶▶ **성과와 성과주의경영의 개념**

성과의 사전辭典적인 의미는 '이루어 내거나 이루어진 결과'를 말한다. 기업경영에서는 성과가 바로 경영 활동의 지향점이자 목표점이기 때문에 성과를 정의하는 일은 그 어떤 일보다도 중요한 과제 중 하나다. 기업의 영속성 면에서 볼 때 '성과'는 재무적인 결과를 포함하여 생존하고 발전해 나가는 데 공헌하는 모든 '이루어진 결과'를 의미한다. '경영은 조직의 성과에 초점이 맞추어져 있어야 하며, 가장 먼저 해야 할 일은 성과가 무엇인지를 정의하는 일'이라는 피터 드러커의 말을 굳이 인용하지 않더라도, 균형성과지표BSC만으로도 그것을 금방 알 수가 있다. 균형성과지표의 재무, 고객, 내부 프로세스, 학습과 성장이라는 네 가지 관점은 기업의 본원적 가치 창출의 근원으로서 전략 수립의 기준을 제시하는 한편 경영 성과의 유형을 보여 주는 것이기 때문이다.

성과주의는 '성과'와 '주의'가 합쳐진 낱말로 '성과를 최우선 가치로 하는 인식 체계 또는 행동 규범'이라고 할 수 있다. 20세기 초, 테일러의 과학적 관리법The Principle of Scientific management, 1919년에 의해 노동 생산성을 제고시키기 위해, 시간과 동작 연구를 바탕으로 1일 작업의 표준량을 정하고 그 작업량성과에 따라 임금성과급을 차등 지급하기 시작한 이래, 경영 전반에 있어 성과주의적 접근은 크게 경영관리관리 회계적 접근❶과 인사적 접근❷ 및 전략적 접근❸의 세 가지 영역으로 이루어져 왔다. 경영관리관리 회계적 접근❶은 1930년대 듀폰에서 ROI투하자본 수익률에 의한 경영 분석 방법이 도입된 이래, 기업 전체의 재무 및 경영 성과와 하위 운영 부문 실적을 연계한 성과관리로부터 시작되었다. 그리고 BTBritish Telecom에서 대외적으로 합리적인 경쟁력을 확보하기 위해 제품 및 서비스별 원가를 구분하는 구분 회계를 시행한 후, 책임 회계제도에 의한 책임경영이 보편화되어 조직 단위의 성과관리 개념으로 정립되어 왔다.

인사적 접근❷은 1970년대 오일쇼크 이후 미국에서 많은 기업들이 도산 또는 도산 위기에 처하게 되자, 종래의 직무 중심이나 온정주의 인사에서 성과 중심의 능력주의로 인사 정책이 변하면서 시작되었다. 그리고 고유의 유연성이 강화되고 개인 성과에 따른 차등 보상 즉, MBO_{Management By Objective}[17] 및 성과급제가 중심이 되는 성과주의 인사 개념이 확립되었다.

전략적 접근❸은 1990년대에 들어 노턴과 캐플런 교수가 종래의 결과 중심, 재무성과 위주의 성과 측정과 경영관리에 대한 반성에서 비롯되어, 새로운 성과 측정 모형으로서의 균형성과지표_{BSC Balanced Score Card}를 개발함으로써, 비로소 전략적 성과관리가 시도되었다.

국내 기업에서는 대체로 이와 같은 세 가지 영역으로 성과주의경영이 개별적·부분적으로 시행되어 옴에 따라, 성과주의경영의 효과적인 정착이 어려웠을 뿐만 아니라 그 시행에 있어서도 많은 문제점과 부작용을 야기시켜 왔다.

국내 기업경영에 성과주의가 본격적으로 도입된 것은 IMF 외환 금융 위기 이후, 경영 체질 강화를 위해 과거의 연공주의 인사에서 성과주의 인사로 전환하면서부터다. 그 때문에 성과주의경영이 평가와 보상에 의한 단순한 '성과급제'의 좁은 의미로 인식되었다. 그로 인해 선행적으로 이루어져야 하고 유기적으로 연계되어야 하는 프로세스 및 시스템의 미비로 성과 극대화가 제대로 실현되지 못했을 뿐만 아니라, 오히려 성과의 정의 및 평가의 공정성이나 보상의 효과성 등의 문제점을 초래하게 되었다. 결국 단순한 성과급제는 성과주의경영 시스템 중의 한 부분인 조직원에 대한 동기부여에 지나지 않는 것으로 이해되었던 것이다.

최근 전략적 접근 방식인 균형성과지표의 도입에 따라 성과주의경영에 대한 종합적인 접근의 계기가 마련되고는 있지만, 위의 세 가지 영역에 대한 종합적이고 체계적인 접근에 의한 성과주의경영 개념 체계의 정립은 아직도 취약하다고 볼 수 있다.

▶▶▶ 성과주의경영이 의미하는 것

기업의 장기적인 성공은 기업을 둘러싼 환경 요인과 기업 내부의 자원 및 능력 간의 동태적Dynamic인 유기적 결합 관계에 달려 있다고 할 수 있다. 특히 챈들러는 미국 기업의 흥망성쇠에 대한 심층적인 연구를 통해 기업은 환경 변화에 적응하기 위해 전략을 바꾸게 되고, 전략이 바뀜에 따라 조직 구조를 바꿔 나간다고 했다. 환경 변화에 대응하는 전략의 변화가 느리고 조직의 구조와 관리 방식을 바꾸지 않으면 그러한 부적합성으로 인해 비능률이 발생하고, 이것이 누적되면 기업은 결국 쇠퇴의 길을 걷게 된다는 것이다.

기업은 외부환경 변화에 적극적으로 대응함으로써 효과성Effectiveness을 유지하고, 보유하고 있는 자산을 효율적으로 사용하여 효율성Efficiency을 유지한다. 결과적으로 기업의 장기적인 생존과 발전은 바로 효과성과 효율성에 달려 있으며, 기업은 이를 위해 전략의 변화와 조직의 변화를 수행하게 되는 것이다.

성과주의경영은 경영 활동의 최우선 가치를 성과 극대화에 두고, 이를 실현하기 위한 가장 '효율적이고 효과적인 운영 메커니즘'으로 경영관리를 수행하는 것을 일컫는다. 기업이 추구하는 성과 극대화의 구체적인 모습은 비전과 전략의 실현에 있다. 그러므로 성과주의경영의 구체적인 개념은 비전과 전략의 명확화 ➡ 전략 성과의 정의_{평가 항목} ➡ 전략 목표의 전사 정렬 ➡ 정확한 성과 측정_{전략 성과 + 고유 성과} ➡ 공정한 평가 및 피드백_{경영 개선 및 혁신} ➡ 합리적 보상_{동기부여}에 이르는 일련의 경영 시스템에 의해 경영 성과의 개선을 실현하는 새로운 경영 패러다임을 의미한다.

한 연구 결과에 의하면 성과주의경영 시스템을 활용하는 기업이 그렇지 않은 기업보다 3년 동안 평균 약 2.3배 정도의 재무성과를 더 창출하는 것으로 나타났다고 한다. 결국 성과주의경영 시스템의 세 가지 접근 영역은 관리 대상으로 구분되기는 하지만, 그렇게 개별적이고 부분적으로 접근할 것이 아니라 성과관리 프로세스 면에서 강한 연계성을 갖는 종합적인 프로세스 체계로 접근해야 하는 것이다.

17 MBO는 1954년 피터 드러커가 저서 『경영의 실제The Practice of Management』를 통해 제창한 것으로, '자기 지배의 원리'라는 개념을 바탕으로 한 직무 성과 향상 및 개인 능력 개발 중심의 목표관리 방법을 말한다. 쉽게 이야기하면 비전과 전략 및 사업 계획을 성공적으로 달성하기 위해, 부문·팀·팀 구성원에 이르기까지 상급자와 하급자가 사전 협의를 통해 업무 목표와 달성 기준을 설정하고, 일정 기간이 흐른 후 계획과 성과를 점검해 가는 일련의 자기관리 시스템을 말한다.

성과주의경영의 핵심,
비전·전략과 전략적 성과관리

성과주의경영은 최신 경영관리 추세를 반영해 전략관리의 기본 과정인 전략 수립 및 전개와 성과관리의 기본 과정인 전략적 성과관리를 빠짐없이 관리할 수 있도록 기능이 확장되고 있다.

효과성과 효율성은 기업의 환경 대응과 이를 조직 내에서 실현하는 과정으로 볼 수 있으며 환경·전략·조직 간에는 상호작용 관계를 가진다. 따라서 기업의 성과는 전략과 조직관리의 함수이며, 환경·전략·조직관리 간의 적합성 유지가 기업의 성장과 발전을 결정적으로 좌우한다고 할 수 있다.

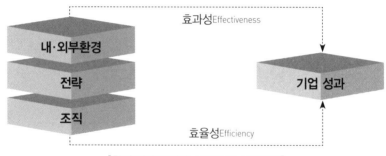

[환경·전략·조직과 성과와의 상관관계]

　　그러므로 격변하는 내·외부환경 변화에 대응하여, 효과성과 효율성을 지속적으로 확보하고 증진하여 경영 성과를 극대화하려면 그에 걸맞은 비전과 전략을 자율적으로 수립하고 효과적으로 전개해야 한다. 성과주의경영에서 말하는 비전과 전략의 수립 및 전개는 기업이 처한 사업환경에 따라 그것을 자율적이고 효과적으로 전개하는 과정을 말한다. 전략을 '기업이 경쟁 우위를 유지하기 위해 필요한 체계적이고 구체적인 액션플랜'이라고 정의한다면, 명확한 경영전략은 경쟁에서 승리하기 위한 핵심 요건이 되는 것이다. 이때 기업이 보유한 자원은 한정되어 있기 때문에 선택과 집중이 필요하다. 전략을 수립하는 과정에서 무엇은 하고 무엇은 하지 말아야 하는지, 강점을 어떻게 강화시켜 나가야 하는지, 약점은 또 어떻게 보완해야 하는지 명확히 파악할 수 있어야 한다.

　　이러한 비전과 전략의 수립 및 전개는 일반적으로 기업의 비전, 내·외부환경 분석, 전략안 도출, 전략 수립, 전략 전개, 전략 리뷰

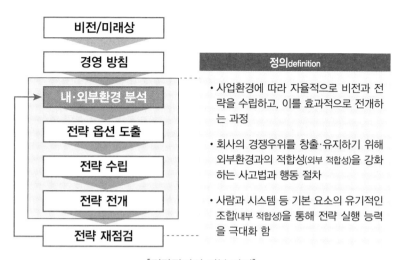

[전략관리의 기본 과정]

의 과정으로 진행된다. 하지만 전략을 수립하는 과정은 한 방향으로만 흘러가는 것이 아니라, 가설과 검증을 거듭하면서 이루어진다. 뿐만 아니라 한 번 수립한 전략이 어느 시점에 성공했다고 해서 완료되는 것은 아니며, 경영환경의 변화에 따라 지속적인 재再검토와 재再정의 과정을 거쳐야 한다. 다시 말해 전략적 성과관리를 해야 한다는 것이다.

그리고 비전 및 전략의 수립 및 전개와 더불어 성과주의경영을 구성하는 다른 한 축이 바로 전략적 성과관리인 것이다. 비전 및 전략과 연계된 도전적인 목표를 설정하고 실행 과정을 실시간으로 점검하고 지원하며, 성과를 객관적으로 측정하고 피드백하는 과정이 바로 성과주의경영의 전략적 성과관리 실행 모형이다. 전략적 성과

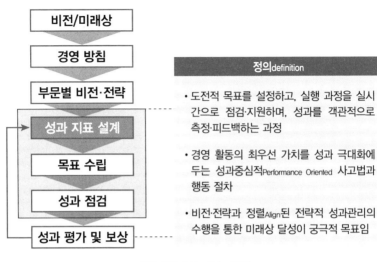

[성과관리의 기본 과정]

관리는 경영 활동의 최우선 가치를 성과 극대화에 두는 성과 중심적performance-oriented 사고와 행동 지침을 포함한다.

이와 같이 기본적으로 성과관리는 비전 및 전략과 연계된 전략적 성과관리를 지향한다. 도전 목표 설정과 성과 모니터링 등 일련의 성과관리 과정은 전략의 수립 및 이해를 전제로 하는 것이다. 그럼으로써 전략적 성과관리를 통해 '어떻게 하면 구성원을 전략에 따라 일사분란하게 정렬할 수 있을까?'라는 질문에 대한 해답을 제시할 수 있게 되는 것이다.

성과주의경영의 잣대에
귀 기울여라

성과주의경영은 단순히 평가와 보상을 위한 틀을 제공하는 데 그치는 것이 아니라, 비전 및 전략과 연계된 전략적 성과관리를 통해 성과 극대화를 촉진하고 실현하게 하는 시스템경영의 운영 메커니즘이라는 것이다. 성과주의경영 시스템은 우수 인력이 보다 높은 목표 달성에 몰입하여 차별적인 보상과 인정을 받도록 해 줌으로써 우수 인력 확보·양성의 기반이 된다는 것이다. 뿐만 아니라 성과 창출에 연계 작용하는 다양한 요소들의 상관관계를 이해하고 정기적으로 성과를 점검하고 피드백하도록 해 줌으로써 경영 혁신을 촉진하게 한다는 것이다. 이와 같은 성과주의경영을 성공적으로 이끌기 위해서는 핵심 성과 지표KPI, 성과관리 프로세스, 조직의 역할 및 책임, 경영관리 시스템, IT 시스템, 인재 양성의 HRM인적자원관리, 보상 정책, 변화 수용도 등의 주요 성공 요소를 충실히 이행할 필요가 있다.

첫째, 핵심 성과 지표KPI, Key Performance Indicator다. 바람직한 성과 지표는 기업의 전략 및 비전을 달성하기 위한 주요 성공 요인과 조직의 미션으로부터 도출되어야 한다. 그리고 기업 단위에서부터 개인 단위에 이르기까지 정렬되는 체계성과 비재무적 지표, 장기 지표, 선행지표 등 균형성을 갖추고 지속적인 모니터링과 수정 과정을 거쳐 검증되고 정제되어야 한다.

둘째, 성과관리 프로세스다. 성과관리 프로세스가 효과적으로 이루어지기 위해서는 합의 과정을 통해 도전적이면서 달성 가능한 목표 수준이 설정되어야 한다. 목표 달성 여부가 적기에 모니터링되고 분석되고 피드백되어 경영 개선과 혁신으로 연결되어야 하며, 평가의 객관성과 공정성 확보 및 성과 평가와 보상이 합리적으로 연계되도록 해야 한다.

셋째, 조직의 역할 및 책임이다. 자발적인 목표관리와 공정한 성과 평가를 위해 조직의 역할과 책임 면에서 조직의 사명 및 업무의 적합성 여부와 단위 조직의 고유 성과 지표 설정을 지원하고, 성과 평가의 배분 단위가 합리적으로 설정되도록 해야 한다.

넷째, 경영관리 시스템이다. 성과주의경영 시스템이 제대로 작동하려면 전략 수립을 위한 기초 정보의 제공과 정확한 성과 측정 및 분석 그리고 피드백이 적기에 이루어져야 한다. 그래서 자원 배분 및 성과관리뿐만 아니라 성과 개선을 효과적으로 지원할 수 있는 경영관리 시스템이 구축되어야 한다.

다섯째, IT 시스템이다. 성과주의경영 시스템이 정착되기 위해서는 경영관리, 성과관리, 성과주의 인사 등 관련 프로세스 및 제도를 시스템적으로 지원할 수 있는 정밀한 IT 기반이 갖추어져야 한다.

여섯째, 인재 양성의 HRMHuman Resource Management이다. 핵심 역량 및 핵심 직무 분석을 통해 우수 인력의 요건을 정의하고, 개인별 역량과 성과 평가의 연계관리 등을 통해 우수 인력 양성과 성과 극대화의 연계가 선순환 고리를 형성해 나가도록 해야 한다.

일곱째, 보상 정책이다. 비금전적인 보상을 포함한 종합적인 보상 정책의 합리적인 운영으로 우수 인력을 유인하고 조직 구성원의 동기부여를 지속적으로 유지해 성과 극대화를 도모해야 한다.

여덟째, 변화 수용도다. 조직 구성원이 성공을 위한 새로운 경영 패러다임으로 성과주의경영 시스템을 올바로 이해하고 공감대를 형성하도록 해야 한다. 그리고 구성원이 각자의 역할을 제대로 인식하고 실행하도록 함으로써, 성과주의경영이 조기에 정착될 수 있도록 체계적이고 조직적인 준비와 변화관리로 수용도를 제고해 나아갈 수 있어야 한다.

그리고 기업의 경영관리자는 중장기 비전과 전략을 명확히 하고, 이를 전 조직 구성원에게 소상하게 전파하여 서로 공유하고 정렬 _{cascading}되도록 해야 한다. 더불어 성과를 객관적이고 구체적으로 정의하고, 나아가 이를 기초로 KPI·목표 수준·평가 기준을 직무단위별로 전문화·차별화하여 세분하고, 상하 간에 충분히 협의하여 진취적인 목표를 설정하도록 해야 한다. 뿐만 아니라 이를 정교하고 확실하게 정해 주어 시스템으로 자동적으로 돌아가도록 함으로써, 부하 직원이 관리자의 간섭 없이 자율적으로 우수한 성과를 지속적으로 창출할 수 있도록 하는 한편, 코칭과 피드백 및 멘토링도 수행해야 한다. 공정한 성과 평가가 이루어질 수 있도록 평가 기준의 객관화, 셀프 체크 리스트의 활용, 정기 평가 교육의 실시 등에도 세심한 노력을 기울여야 한다.

☞ **Three sentences for getting success**　성공을 위한 3가지 필수 조건
　　a. **know more than other,**　남보다 더 많은 지식을 갖고 있을 것,
　　b. **work more than other,**　남보다 더 열심히 일할 것
　　c. **expect less than other**　남보다 더 큰 기대를 갖지 말것
- William Shakesphere -

인사관리는
전략적 파트너 배치다

기업은 생존과 발전에 유리한 방향으로 스스로를 변화시켜야 살아남을 수 있다. 그러한 변화는 누가 주도하는가? 바로 구성원이다. 결국 업무를 수행하는 사람과 그 수행 행태가 변해야 기업도 변한다는 이야기다. 그렇다면 기업의 변화에서 주도적인 역할을 수행하는 '사람'을 운용하는 인사관리가 얼마나 중요한 것인지는 두말할 필요가 없다.

세계적 유수 기업은 그들만의 우수한 인적자원관리 시스템을 갖추고 있다. 비단 어느 한 영역의 시스템이 아니라 확보·양성·활용·유지·평가·보상 및 퇴출에 이르기까지의 전반적이고 체계적인 연계다. 그들은 이러한 인적자원관리 시스템으로 구성원의 가치를 끊임없이 증강시켜 나가고 있을 뿐만 아니라, 새로운 핵심 우수 인재를 계속 확보하고 활용해 나감으로써 지속적인 발전을 도모하고 있다. 포드 자동차의 창업자 헨리 포드는 "나의 공장을 가져가고 차를 다 부숴도 좋다. 다만 나에게서 포드 사람만 빼앗아 가지 마라. 그러면 나는 이들과 함께 다시 지금의 포드를 만들 수 있을 것이다"라고 말할 정도로 사람관리에 철저했다. 그만큼 사람은 기업경영에 있어서 중요한 절대요인要因인 것이다.

1980년대 이후 고객 욕구의 다양화, 무한 경쟁, 글로벌화, 디지털화, 지식 경제의 도래 등으로 기업환경은 한 치 앞도 내다볼 수 없을 정도로 더욱 복잡해지고 불확실해졌다. 이에 따라 기업의 전략적 사고와 행동은 절실해졌으며, 전략경영이 제창되고 인사관리의 역할에도 중요한 변화가 일어나게 되었다. 그것은 조직의 목적을 달성하기 위해서 다른 무엇보다 인적자원을 효과적이고 효율적으로 활용할 수 있는 인사관리 시스템이 뒷받침되어야 하기 때문이다. 전통적인 인사관리는 주로 행정 기능적인 역할을 담당하는 것으로 이해되었다. 즉, 급여·후생 및 기타 운영 기능을 담당하는 데 초점을 맞추었던 것이다. 하지만 1990년대 중반에 들어서면서부터 자원 중심의 경쟁 전략이 강조되고 창의적인 인적자원의 가치가 증대됨에 따라 인사관리 시스템이 경영전략 실행의 가장 예민한 화두가 되었다. 인적자원이 전략적 자산으로 간주되어 그 기능과 역할이 종래의 행정 기능적인 것에서 회사의 전략적 파트너로 강조된 것이다.

이제 인적자원관리HRM는 단순히 인력을 배치하고 이동하는 차원을 넘어 하나의 전략이 되었다. 우수 인력 확보 및 양성, 리더십 개발, 동기부여를 통한 종업원 몰입도 향상, 조직 재설계 등의 기능을 수행함으로써 기업의 성과 동인으로서의 역할을 하게 된 것이다. 따라서 기업은 인적자원을 어떻게 지원해야 효율적인지에 대해 고심해야 하고, 성과 동인과 성과 지표를 설정하고 관리하는 데 있어서도 깊은 고뇌를 하지 않으면 안 되게 되었다.

최근 들어 국내 다수의 기업이 인사 제도의 혁신을 전개하며 연봉제를 기본으로 하는 성과주의 인사 제도를 구축하고 있다는 것은 고무적인 일이 아닐 수 없다. 그 주요 내용을 보면 처우 수준을 나타내던 직위나 직급 체계를 대폭 축소하여 단순화하고, 그 대신 성과에 따른 연봉의 차등 폭을 엄청 크게 확대하는 것 등이다. 조직에 공헌하는 시장가치가 높은 사람에 대한 보상을 강화하며, 성과주의 인사 시스템을 뒷받침하는 역량 중심·성과 중심의 평가 및 보상 시스템을 도입하고 있다.

이러한 성향은 기업이 보다 스피디하게 외부환경에 적응하고 구성원의 역량을 극대화시키려는 바람願望과 의도를 잘 드러내고 있다고 할 수 있다. 물론 인사 혁신이 성공적으로 추진되기 위해서는 인적자원관리 시스템이 변하고, 성과 창출에 장애가 되는 기존의 자기 편의 위주의 조직 문화와 통제 위주의 관리 관행에서 과감히 탈피하여, 성과주의 인사관리에 적합한 조직 문화를 구축해 나가려는 노력이 절실히 요구되고 있다.

성과주의 인사관리가 추구하는 바는 한편으로는 구성원의 치열한 경쟁을 유도하는 것이기도 하지만, 다른 한편으로는 합리적인 차별화를 통해 공정하고 정의로운 조직 문화를 구현하려는 것이다. 특히 평가 및 보상 시스템의 변화는 구성원의 의식과 행동의 변화에 큰 영향을 미치게 된다. 따라서 경영자나 관리자는 높은 수준의 정교한 성과주의 인사관리 시스템을 새롭게 설계·도입하고, 이를 어떻게 진행할지 그 방향이나 내용을 명확히 제시해야 하며, 실행력을 강화시켜 나가야 한다.

성과관리의 초점은 구성원 개인별 특성화관리, 우수 인력의 확보와 양성 및 활용, 동기부여, 성과 위주의 평가와 보상, 전략 및 경영 관리적 요소와의 유기적인 관계 등을 전반적이고 종합적으로 시도하는 것에 있다. 그러므로 구성원을 전략 실행의 실질적인 파트너의 개념으로 인식해야 하는 것이다.

인사관리의 기능을 성과주의적으로 변화시키기 위해서는 첫째, 채용관리부터 달라져야 한다. 학력이나 학위보다는 자격과 직무 중심의 개인 잠재력을 측정할 수 있는 다양한 방법의 개발 쪽으로 집중해야 한다.

둘째, 경력관리는 우수 인력의 양성 및 리더십 개발 등 핵심역량 강화를 위한 전략적 인력 양성 프로그램이 되어야 한다. 셋째, 보유 능력보다 발휘 능력 및 그 성과에 초점을 맞춘 평가 시스템을 확립해야 한다. 넷째, 임금 구조에 있어서는 연공급^{年功給}을 지양하고 직무급 및 능력급에 기초한 연봉제로 전환하여, 인센티브제 도입 등으로 동기부여를 강화해야 한다. 더불어 임금의 공정성에 대해서도 내부 공정성과 외부 공정성의 중요성을 증대해야 한다. 다섯째, 조직의 플랫화_{납작하게} 및 슬림화_{홀쭉하게}를 지향하고, 의사결정 단계의 축소로 신속한 의사결정이 이루어지도록 해야 한다. 또한 다단계의 직위나 직급 체계 역시 성과 보상 중심의 탄력적인 운용을 위해 단순화 내지 단단계화하는 방향으로 변화시켜야 한다. 여섯째, 인사 운용은 과감한 발탁과 도태 및 선의의 경쟁과 성과에 대한 합리적 차별화를 확대하고 강화하여, 비록 구성원 모두가 평등하지는 않더라도 모두가 성공하는 길로 나아가도록 진취적인 기풍을 진작시켜야 한다.

실제로 1990년대 초 세계적인 미국계 유통 업체인 시어스로벅앤컴퍼니Sears, Roebuck and Company는 경영 난국을 타개하기 위해 고무적인 비전과 전략을 설정하고, 모든 성과 동인을 구성원의 개인별 재무 성과에 따르는 프로세스에 통합한 바 있다. 그리고 성과 동인으로 구성원의 만족도가 고객 만족도에 미치는 영향과 고객 만족도의 향상이 재무 성과에 미치는 영향을 계수적인 인과관계로 검증한 바 있다. 이들은 구성원의 만족도가 5점 증가하면 고객 만족도가 1.3점 증가하고, 이는 다시 0.5%만큼 수익을 증가시킨다는 검증 자료를 제시했다. 물론 구성원의 만족도를 높일 수 있는 성과 지표를 지속적으로 관리함으로써, 성과를 혁신적으로 향상시켰음은 당연한 것이다.

GE, IBM, 펩시콜라 같은 세계적인 초일류 기업의 경영자가 직접 핵심 인재 확보에 나서며 그들을 육성하기 위해 막대한 시간과 비용을 투입하고 있다는 사실은 '인재가 모든 것에 우선한다'는 전략적 사고를 여실히 보여 주고 있는 것이다. 미국 기업이 이렇게 경영자나 관리자 교육에 들이는 비용만 해도 연간 10억 달러를 상회한다. 실제로 잭 웰치 전 GE 회장은 '전략보다 사람이 우선한다People First, Strategy Second'는 말을 사무실에 붙여 놓고 '업무 시간 중 70%는 인재에 쓴다'고 밝힌 바 있다.

GE는 임직원의 능력과 업적 평가를 통해 급여 인상·승진·교육 파견·주요 직책 승계 가능성 등을 따지는 '세션 C제도'를 인사관리의 핵심으로 활용하는 것으로도 유명하다. 이것은 개인이 달성한 성과에 대한 금전적 인센티브와 함께 조기 승진이나 리더십 교육 기회를 제공하는 것이며, 최고 경영진에 의한 코칭과 멘토링 등의 비금전적 조치를 통해 우수한 경영자를 키우고 유지하는 데 그 목적이 있다. 일례로 세션 C에서 A 평가를 받은 사람이 회사를 떠나게 되면, 사장은 바로 회장으로부터 질책을 받는다고 한다. 이러한 제도적 장치가 시사하는 바는 기업 성장에 영향력을 끼치는 리더를 키우려면, 그보다 먼저 효과적인 역량 평가 시스템을 갖춰야 한다는 사실이다. 이때 가장 기본적인 것은 핵심역량 개발이라는 역량 평가의 목적을 명확히 정립하는 것이다. 역량 평가의 목적을 달성하기 위해 평가 전담 인력 개발 부서를 중심으로 그 결과를 피평가자에게 알려주고 리더십을 개발하는 활동에 적극적으로 투자하는 것은 당연한 업무 수행일 뿐이다.

인사 정책은 크게 스타형 인사 정책과 몰입형 인사 정책으로 나뉜다. 스타형 인사 정책에 의한 개인별 성과급제는 구성원의 경쟁력을 강화하는 데 효과적이다. 스타형 인사 정책Star Model은 개개인의 능력에 따라 우수한 인적자원을 골라서 채용하고, 치열한 경쟁을 유도해 보다 높은 성과를 낸 종업원에게 높은 보상을 제공하는 인사 정책이다. 주로 미국의 대표 기업들이 채택하는 것이며, 우리나라 기업에서도 인기가 있는 '핵심 우수 인력관리'가 바로 이 스타형 인사 정책의 전형적인 예다.

몰입형 인사 정책Commitment Model은 구성원 개개인의 능력보다 조직이 추구하는 가치와의 적합성과 팀워크를 기초로 한다. 주로 아시아 기업들이 전통적으로 채택하던 정책이지만, 세계화의 영향으로 최근에는 일부 미국 기업들도 많은 관심을 갖는 인사 정책이다.

조직의 성과가 상위 1% 구성원의 역량에 의해 좌우된다고 믿는 경영자는 스타형 인사 정책을 선호하고, 구성원 개개인의 역량보다는 상호 간의 팀워크에 좌우된다고 믿는 경영자는 몰입형 인사 정책을 더 선호하는 경향이 있다. 이러한 조직의 성과에 대한 시각 차이에 의해, 몰입형 인사 조직에서는 구성원 간의 임금 격차가 최소화되고, 스타형 인사 조직에서는 임금 격차가 커질 수밖에 없다.

어떤 경우의 성과급제는 정正(+)의 성과를 냈을 때의 보상 체계는 마련했지만, 부負(-)의 성과를 냈을 때의 책임 문제를 제대로 마련하지 못해, 경영자의 도덕적 해이를 불러일으키는 때도 있다. 이러한 도덕적 해이를 차단하고 최소화하기 위해서 조직의 경쟁력 강화는 구성원 개인 간의 경쟁에 의한 개인별 성과급제를 통해서 이루고, 구성원 상호 간의 협력에 의한 조직팀별 성과급제를 통해서도 보완되도록 해야 한다. 다시 말해 개인별 성과급제와 조직별 성과급제를 동시에 적용해야 한다는 것이다. 물론 이와 더불어 성과급제에 필적하는 문책 제도도 고려해야 한다.

인력을 어떻게 운용하느냐 즉, 인사관리를 얼마나 전략적으로 하느냐 하는 것은 이제 기업의 최대 과제이자 경쟁력의 핵심 요인이 되었다. 더불어 구성원의 역량을 어떻게 파악하고 그에 맞는 직무와 직책에서 성과를 발휘하도록 해 주느냐 하는 것은 기업의 미래와도 직결되는 문제가 되었다. 전략적인 파트너를 배치하는 데 있어서 역량 중심 인사관리를 해야 한다는 것이다.

역량은 성과를 산출하는 직무 수행 과정에서 나타나는 의욕과 사고방식이 가미되어 발휘되는 행동이다. 그러므로 성과와 아주 밀접하게 연계되어 있고, 개발과 관찰 그리고 객관적 측정이 가능해야 한다. 이와 같이 관찰과 객관적인 측정을 위해 활용되는 것이 바로 역량의 모델화다.

역량의 모델화란 우수한 성과를 보이는 구성원이 그렇지 못한 구성원과 대비했을 때 성과 차이를 보이는 원인이 무엇인지를 찾는 과정으로, 우수한 구성원의 특징에 대한 객관적인 자료를 획득하고 이에 근거한 측정 도구를 개발하는 체계적인 절차를 말한다. 이는 기존의 지식·스킬·능력 등에 초점을 맞추었던 분석에 의한 직능 요건 도출에 비해 업무 수행에 초점을 맞추면서 보다 심층적인 요소까지 추출해 낸다는 장점이 있다.

역량 모델이 설정되면 어떤 특징을 가진 인재를 선발하고, 특정 영역에 어떤 사람을 배치하며, 어떤 기준에 입각해서 구성원의 성과를 평가할 것인지 또 그에 따른 보상을 어떻게 실시할 것인지에 관한 기본 지침서를 마련할 수 있다. 그리고 그것에 기초해 구성원이 어떤 역량을 키워야 하며, 그것을 위해 어떤 자기 계발과 훈련을 받아야 하는지 가이드라인을 제공할 수 있게 된다. 이처럼 역량과 성과 평가의 연계관리는 개인별 양성 방향을 구체적으로 제시해 주고 승진이나 발탁·전배치·도태 등 전략적 인사관리 실행에 아주 유효하게 활용할 수 있다. 성과 지향의 역동적인 조직관리를 위해서는 역량과 성과 평가 결과에 따른 발탁과 도태를 상시화常時化해야 한다. 이때 주의할 점은 성실하게 공헌하고 있는 일반 인력에 대한 처우는 성과에 따라 차별적으로 시행하되, 관심과 기회는 평등하게 부여함으로써 우수 인력으로 성장·발전할 가능성을 키워 나가야 한다는 것이다.

그리고 '조직의 핵심역량'이 활용되어 이윤 창출과 성과 극대화로 연결되도록 하려면, 그에 앞서 구성원의 기초적이고 기본적인 역량 관리가 세부적·집중적으로 이루어져야 한다. 조직 내에서 기초적이고 기본적인 역량관리라 함은 기본역량_{일반관리역량+ 기반역량}과 전문역량_{사업 전문역량+ 직무 전문역량}을 갖추고 키우는 것이다. 조직은 가정과 달리 인품이나 인격의 함양을 우선으로 하지는 않는다. 그렇기 때문에 조직이 효율적이며 효과적인 조직으로 기능하도록 하기 위한 기본적인 방법은 기본역량과 전문역량을 확보하고 강화하도록 철저히 관리하는 일이다.

첫째, 기본역량 중 일반관리역량은 이른바 사람관리·조직관리·일관리·변화관리에 관한 일반적인 관리역량을 말한다. 이것은 구성원 개개인의 전공이나 적성 및 업무 분장 여타에 관계없이 모든 기업의 조직 구성원이 필수적으로 습득해야 할 일반적인 관리역량을 말한다. 그리고 기본역량 중 기반역량은 어느 조직에서나 공통적·기초적으로 최소한의 기반으로서 요구되는 조직에 대한 충성심이나 일에 대한 몰입도·열정·추진력 등을 말한다. 만약 이들 기본역량이 부족할 경우에는 기업 조직에서 이른바 기본이 결여되어 있는 전혀 불필요한 존재로 전락하고 만다.

둘째, 전문역량은 다시 두 가지로 나뉘는데 하나는 사업 전문역량이요, 다른 하나는 직무 전문역량이다. 전자는 소속되어 있는 조직의 산업 및 사업에 필요한 업무 성향이나 전문적인 지식을 말하며, 직무 전문역량은 자신이 현재 맡고 있는 일 즉, 업무 분장에 의해 맡고 있는 직무에서의 전문성을 일컫는다.

그러면 기본역량과 전문역량 중 어느 것이 더 중요하고 먼저일까? 이런 질문은 닭과 달걀 중 어느 것이 더 중요하고 먼저인가를 묻는 것과 똑같다. 다시 말해 기본역량일반관리역량+ 기반역량도 중요하고, 전문역량사업 전문역량+ 직무 전문역량도 중요하므로 구성원은 당연히 두 역량을 균형적으로 다 갖추도록 노력해야 한다. 하지만 굳이 말하자면 일반적으로는 직위나 직급 및 직책이 내려갈수록 중요한 것은 전문역량이요, 직위나 직급 및 직책이 올라갈수록 비중을 올려야 하는 것은 기본역량이라고 할 수 있다. 예컨대 사람관리·조직관리·일관리·변화관리를 못하는 사람은 아무리 학력 수준과 학위 수준이 높고 전문역량을 갖추고 있다 하더라도 고위 경영진까지 올라가는 것은 무리라는 이야기다. 왜냐하면 직위나 직급 및 직책이 올라갈수록 본인이 성과를 올리는 것도 중요하지만, 그보다 훨씬 더 중요한 것은 자신이 담당하고 있는 조직의 성과를 극대화하는 것이므로, 자기 혼자 잠 안 자고 전문성을 발휘하여 최대한의 성과를 올린다고 하더라도 기본관리를 잘하여 조직 전체의 성과를 올린 사람에게는 못 미치기 때문이다. 이러한 점을 감안한다면 직위나 직급 및 직책이 올라갈수록 더욱 중요하게 요구되는 역량은 기본역량이라고 할 수 있다.

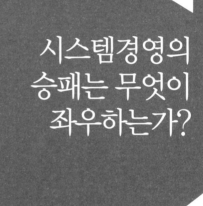

7

시스템경영의
승패는 무엇이
좌우하는가?

주인의식과
열정의 의미

　어느 분식집 주인이 종업원에게 장사를 맡겼더니, 자신이 올리던 매출의 3분의 1이 줄었다. 얼마 후 그 종업원을 내보내고 아르바이트생을 새로 고용해 맡겨 봤더니, 또 다시 종업원이 올리던 매출의 반으로 줄었다. 자꾸 매출이 떨어지는 것을 견딜 수 없는 주인이 팔을 걷어붙이고 다시 직접 나서서 장사하게 되었고, 열심히 해서 겨우 원래 매출대로 올려 놓을 수가 있었다. 이 실화는 주인의식과 매출이 얼마나 밀접한 관련이 있는지를 아주 잘 설명해 주고 있다.
　주인의식과 성과에 대한 불가분의 관계는 덩샤오핑의 흑묘백묘

黑猫白猫론을 보면 더욱더 확실해진다. 흑묘백묘론은 선부론先富論과 함께 중국의 개혁과 개방을 이끈 덩샤오핑이 1979년 미국을 방문하고 돌아와 주창하면서 유명해진 말이다. 검은 고양이든 흰 고양이든 고양이는 쥐만 잘 잡으면 되듯이, 공산주의 계획경제 원리이든 자본주의 시장경제 원리이든 중국 인민을 잘 살게만 하면 그것이 제일이라는 이론이다. 그리고 선부론은 일을 열심히 잘해서 부자가 될 수 있는 사람은 먼저 부자가 돼라, 그러면 다른 사람도 그를 본받아 뒤이어 부자가 될 수 있을 테니까 먼저 부자가 되어도 좋다는 이야기다.

덩샤오핑이 이런 정책을 펴기 전까지 중국의 집단농장에서는 '우리 모두 합심해서 열심히 일해, 다 같이 고르게 잘 먹고 잘 살자'는 주의를 표방했다. 얼핏 들으면 지상낙원에서나 나올 법한 말이지만 이것은 바꿔 말하면 '우리 모두의 일은 누구의 일도 아니다'는 말로 어느 누구도 열심히 일하지 않는다는 의미라는 것을 금방 알 수 있다. 기껏 자기 일처럼 땀 흘려 열심히 해 봤자, 결국엔 일을 열심히 한 사람이나 그렇지 않은 사람이나, 비배관리肥培管理나 경작 방법 등에 대해 머리를 써서 성과를 많이 올린 사람이나 그렇지 않은 사람이나 다 똑같이 나누어 가져야 한다는 소리이기 때문이다. 그렇다 보니 그들이 매일같이 집단농장에 나와 시키는 일을 열심히 한다고 해도 결국 가난에 허덕일 수밖에 없었던 이유이기도 하다.

그러던 집단농장의 농지를 개인에게 일정 부분을 분담해서 경작

耕作하게 하고 그 수확물의 일정 비율은 정부에 내고 나머지는 경작자가 몽땅 가져가도 좋다는 정책을 펴자, 사람들이 비가 많이 오면 물꼬를 터놓기도 하고 가물면 샘을 파 가며 물을 대고 잡초도 제거하며 김을 매는 등 자기 일처럼 허리가 부러지도록 열심히 농사를 지었다. 그 결과 영농 기술을 개선하거나 종묘를 개량하는 등의 중장기 과제를 미처 해결하지 못한 상태에서 그해 생산량이 네 배나 증가했다. 이는 오로지 사람마다 일한 만큼 몫이 다르게 돌아오게 되다 보니, 각자가 마치 자기가 주인인 것처럼 열심히 일한 덕분이었다. 아무리 열심히 일을 해도 모두 다 똑같이 정해진 분량만 보상받을 수 있었다면 그들은 그렇게 열심히 일하지 않았을 것이다.

'주인의식이 매출을 좌우한다'는 말은 괜히 생긴 게 아니다. 주인의식이 있고 없고의 차이는 실로 엄청나고도 현실적이기 때문이다. 주인의식이란 말 그대로 자기가 스스로 주인이라는 책임감과 그러한 사고 체계다. 어떤 대상이나 사물의 소유권을 가지고 있는 사람이 주인이니 주인의식은 그런 마인드를 뜻한다. 그런데 문제는 구성원이 소유권을 가지고 있지도 않은 조직에서 그런 마인드를 가지라고 주문하는 것이다. 소유권을 가진 사람을 위해 일을 하고 그 노동의 대가로 급여를 받는 구성원에게 소유권을 가진 주인처럼 하라는 것이다. 과연 그것이 가능한 일이겠는가? 발행 주식의 대부분을 종업원이 보유하고 있는 종업원 지주회사처럼 아예 소유권을 바로 넘겨주거나 그렇지 않으면 덩샤오핑이 시도한 사영私營 집단농장처럼 소유권을 가진 것과 진배없는 시스템을 만들면 가능하게 된다. 그러면 구성원 모두가 그 일이 자기 일이고 자기 비즈니스이니까 마치 자기가 주인인 냥 열심히 일하게 되며 성과를 내는 것이다.

주인의식은 훈련하고 학습한다고 심어지는 것이 아니요, 잔소리하고 질책한다고 해서 생기는 것도 아니다. 구성원 스스로가 그럴 만한 구실과 명분을 가지고 목적을 달성하려는 의지를 갖도록 하는 시스템이 있어야 한다. 그래야 비로소 주인의식이 생긴다. 조직의 리더는 구성원에게 그러한 주인의식을 갖도록 동기를 부여해 주면 된다. 바꾸어 말하면 어느 누구의 일도 아닌 바로 '나 자신의 일'이요, '나의 비즈니스'라는 생각이 들도록 하는 시스템을 만들어 주어야 한다는 것이다. 바로 그러한 생각과 의식이 성과주의다. 성과주의를 제대로 실현해서 구성원 각자의 주인의식과 일에 대한 열정이 조직 전체의 주인의식과 열정으로 승화될 때, 조직의 성과는 저절로 최고조에 이른다. 구성원의 열정 지수를 높이기 위해서는 효과적인 동기부여를 통해 감정적인 헌신을 유발하도록 해야 한다. 구성원으로 하여금 성과에 대한 기대치를 분명히 해 주고, 그 기대치에 도달할 수 있도록 필요한 자료나 도구 등을 제공하는 일에 적극적이어야 한다. 이때 중간 관리자나 상사는 부하 직원의 롤role 모델이 되어야 한다. 부하 직원에게 가장 먼저, 가장 많이, 가장 오래 보여 주어야 하는 것은 바로 열정에 찬 선배 상사들의 모습이다. 오죽하면 '동료와 부하에게 선물을 딱 한 가지만 해야 한다면 열정을 주라'는 말이 있을까. 그만큼 열정은 개인에게든 조직에서든 필연적이고 소중한 것이다. 그것이 결국 효율과 스피드를 증진시키고, 더 나아가서 지속적인 고성과를 창출하는 실마리[端緒]요 씨앗인 것이다.

다만 여기서 조금 유의할 점은 긍정적이고 협조적인 입장에서 최적의 방향을 제시해 주되, 경각심을 불러일으키고 긴장감을 고취시키기 위한 명목으로 만萬에 하나 불안감이 조성되지 않도록, 설정된 방향에 대해 사전에 당위성과 필연성 그리고 취지와 목적 등에 대해 충분히 소통하고 교감하여 컨센서스Consensus가 이루어질 수 있도록 세심하게 배려해야 하는 점이다.

주인의식과 열정은 동전의 앞뒷면과도 같은 것이다. 주인의식은 결국 열정에서 나오며, 열정 역시 주인의식에서 나온다. 열정이 끓어 넘치는데 주인의식이 없을 수 없으며, 주인의식이 없는데 열정만 불타오를 수는 없다. 주인의식과 열정이 똑같이 상승하는 조직을 만들려면 조직의 리더는 인적자원관리 방식과 조직 운영 방식에서 구성원의 주인의식과 열정 고취에 초점을 맞추어야 한다. 열정이 무엇인지 아는 리더이어야 열정을 키울 수 있는 요소도 반영할 수 있다. 리더가 먼저 소매를 걷어붙이고 문제를 해결하려는 열정적인 모습을 보이면, 조직 구성원의 열정도 자연스럽게 달아오를 수 있다.

주인의식과 열정은 구성원 각자에게 반드시 필요한 업무 에너지다. 주인의식과 일에 대한 열정이 없는 사람이 마지못해 땀 흘리며 일을 하게 되면, 쉽게 지치고 때로는 좌절감에도 빠지게 된다. 그러면 더 힘들고 어려워진다. 그런 구성원에게 성취감이 있을 리 만무하다. 하지만 자신이 일한 만큼 합당한 보상이 돌아오고, 구성원 모두가 활기에 넘치고, 조직도 진취적인 기상이 강해지고, 조직의 성장과 발전이 피부에 와닿게 되면, 전에 없던 힘도 생기고, 의욕도 높아지게 된다. 그것이 바로 애사심이고, 충성심이며, 만족도이고, 성취감이며, 주인의식이고, 열정인 것이다.

이 세상에는 어디에나 주인의식과 열정에 찬 인간이 있는가 하면 그렇지 않은 인간이 있다. 그렇듯이 구성원에게 주인의식과 열정을 심어 주기 위해 성과주의를 실행하는 조직이 있는가 하면 그렇지 않은 조직, 이 두 가지 부류의 인간과 조직이 있다. 이는 리더가 얼마나 성과주의 실현에 열정을 쏟고 있으며, 조직 구성원이 얼마나 주인의식에 충만해 있는가에 의해 판가름 날 뿐이다.

☞ **Everyone thinks of changing the world, but no one thinks of changing himself.**
- Leo Tolstoy -
모두들 세상을 바꾸려 들지만, 스스로를 바꾸려는 생각은 하지 않는다.

시스템경영의 고도화
어떻게 이룰 것인가?

기업경영의 성공 여부는 기업 외부의 환경요인과 기업 내부의 자원 및 능력 간의 동태적 정합 관계에 달려 있다. 그리고 시스템은 환경 변화에 맞추어 끊임없는 경영 혁신을 통해 수준의 고도화를 추구해야 지속적으로 발전하고 진화해 나갈 수 있다. 이는 흐르지 않고 고인 물은 썩는다는 지극히 자명한 논리와 마찬가지다. 기업도 달라지고 변하도록 시도하지 않으면 종국에는 못 쓰게 되기 마련이다.

고도화는 기업의 고인 물을 흐르게 하는 것이다. 그냥 경영 혁신이 아니라 고차원적인 시스템적 혁신이다. 그러므로 고도화를 추구함에 있어서도 수준과 구조가 동시에 업그레이드되어야 한다는 조건이 따른다. 그런 면에서 고도화의 추구는 시스템 자체의 정교성을 업그레이드upgrade하는 '수준의 고도화'와 시스템 중시에서 사람 중시로, 성과 중시에서 비전과 전략 중시로 시스템의 '운영 구조의 고도화'를 동시에 추진해야 한다.

경영 혁신 활동은 1990년대 들어서면서 가히 폭발적이라 할 만큼 활발하게 전개되어 왔다. 미국과 일본 따라잡기의 다양한 노력은 결국 벤치마킹, 시나리오경영Scenario Planning, 균형 성과관리Balanced Scorecard, 지식경영Knowledge Management, 전사적 품질관리Total Quality Management, 6시그마Six Sigma 등 이름만 들어도 친숙한 경영 혁신 기법으로 나타나면서 기업의 경쟁력 확보를 위한 주요 화두로 자리 잡게 되었다.

1990년대에 등장한 경영 혁신의 기법만도 70개 이상에 달하며, 전 세계적으로 기업당 평균 열두 개 이상을 사용하고 있는 것으로 알려져 있다. 이처럼 수많은 경영 혁신 기법은 그 유용성이 입증돼 경영학의 정통 이론으로 자리잡기도 하고, 일부는 잠시 유행하다가 사라져 버리기도 했다. 또 일부 경영 혁신 기법은 기존의 경영 혁신 기법과 결합해 응용되거나 발전되기도 했으며, 일부 기법은 보다 우월한 성과를 거둘 것으로 기대되는 다른 혁신 기법으로 대체되기도 했다. 하지만 시스템경영에서 말하는 경영 혁신은 이처럼 시류나 유행을 따르기보다는 '시스템경영의 고도화upgrade'를 위해 일관성을 가지고 추진하는 이른바 시스템적 사고에 의한 일체의 개선 활동을 이야기하는 것이다. 기업경영 시스템도 그 특성에 의해 시간이 경과됨에 따라 기능이 쇠퇴하거나 진부해지므로 정기적인 진단 결과에 대한 컨센서스가 형성되고, 그에 따른 과제를 파악해 경영 혁신의 방향과 목표를 설정해야 한다.

경영 혁신의 과제는 크게 기본 과제와 전략 성과 과제, 두 가지로 나누어 볼 수 있다. 먼저 기본 과제는 '사람과 시스템'의 이른바 시스템경영 기본 요소에 대한 개선 활동 과제를 말한다. 경영 성과는 결국 경영의 기본 사항에 의해 좌우되는 것이므로 경영의 기본 사항에 대한 근본적인 능력을 확충하지 않고서는 정책 및 전략의 수립이나 실행에 의한 고성과 창출과 성장·발전을 이룰 수가 없다. 그러므로 경영의 기본 사항이라고 볼 수 있는 시스템경영의 구성 요소에 대한 근본적인 개혁과 개선이 경영 혁신의 출발점이며 핵심 과제라고 보는 것이다.

반면 전략 성과 과제는 시스템경영의 운영 메커니즘인 성과주의 경영에 연계되는 이른바 비전과 전략의 수립 및 전개에 대한 개선 과제와 전략적 성과관리에 대한 개선 과제를 말한다. 예컨대 생산 현장과 영업 일선으로부터 수용하는 CSCustomer Satisfaction, TQMTotal Quality Management 등을 비롯해 장·단기적으로 경영 성과의 극대화를 실현하기 위해 추진하는 모든 전략적, 전술적인 과제를 포함

- 계열사별 시스템경영
  능력 및 성과를 객관
  적으로 진단할 수
  있는 도구
- 시스템경영 수준의
  정기적인 진단

결과 공유

- 진단 결과에 대한
  논의 및 향상이
  필요한 부분 파악
- Best Practice와
  사례의 계열사간
  공유로 상호발전

혁신 활동

- 과제의 목표를 달성하기
  위한 핵심 활동 전개
- 표준화된 경영관리
  메커니즘 확보

과제 설정

- 혁신 과제의 선택,
  혁신 방향 및 목표의
  명확한 설정

시스템경영
수준 진단

① ② ④ ③

[경영 혁신 사이클]

한다. 소위 말하는 사업 경쟁력Product Leadership을 강화하기 위한 획기적인 생각이나 방법 및 전략 등의 다양한 주제에 대한 각 부문의 자율적인 일체의 개선 활동 과제라고 볼 수 있다. 이와 같이 시스템경영의 고도화를 위한 경영 혁신 과제를 알기 쉽게 분류하여 도식화하면 다음과 같다.

아무리 수십 년 된 기업이라도 끊임없이 시스템의 고도화 전략을 추진하지 않는다면 정체되고 도태되기 쉽다. 21세기는 전략이 곧 미래가 되는 시대이므로, 전략도 그냥 전략이어서는 안 된다. 위험 감지 능력에 아주 예민한 전략이어야 한다. 꼬리의 통증을 느끼는데 20초나 걸리는 공룡이 멸종했던 이유를 곱씹어 볼 필요가 있다. 변화와 위험을 감지하지 못하면 그만큼 대처 능력도 떨어지기 마련

기본 과제	전략 성과 과제
1. 사람 　- 인적자원 관리 　- 조직 운영·조직 행동관리 　- 핵심 목적·핵심 가치 　- 전략 가치·운영 가치 2. 시스템 　- 기본관리 시스템 　- 업무관리 시스템 　- IT 기반 RTE 시스템	3. 비전 및 전략의 수립·전개 　- 변신 성장, 신수종 사업 발굴 　- 사업 구조·비즈니스 모델 고도화 　- 기술·고객·마케팅 전략 등 4. 전략적 성과관리 　- Speed 지표 　- Quality 지표 　- Cost 지표

이다. 그러한 예민한 대처 능력을 키우는 힘이 바로 시스템의 고도화다. 이것은 다시 말해 시스템 고도화의 일석이조一石二鳥라고 할 수 있다. 경영 혁신과 위험 대처 능력을 동시에 만족시키는 일석이조가 바로 시스템의 고도화요, 시스템경영의 고도화이기 때문이다.

　세계가 하나의 시장이라고 주창하며 끊임없이 새로운 가치를 찾아내어 시장을 개척하는 일본 유니클로Uniqlo가 가치 혁신Value Innovation에 주력하는 이유를 상기해 볼 필요가 있다. 유니클로는 '옷을 바꾸고, 의식을 바꾸고, 세계를 바꿔 나갈 것이다'라는 야나이 다다시 회장의 철학처럼 디자인은 도쿄와 뉴욕에서, 생산은 90% 이상을 중국에서 하는 글로벌 분업 체제를 가동하고 있다. 치밀한 수요 예측과 계획하에 생산과 판매 활동이 이루어지는 것도 그들만의 성공 요인이다. 이러한 모든 것은 고객의 잠재 수요를 찾아내어 이를 충족시키는 가치를 제공하겠다는 시스템경영의 고도화의 한 예라고 할 수 있다.

　모든 기업은 정보나 금융 및 기술이 주기적으로 변하는 기업환경에 결코 적정선을 제시해 주지는 않는다는 데 유의해야 한다. 기업을 둘러싼 모든 것이 날로 더 복잡해지면서 변화 적응력 요구에 예민하게 반응해야 한다. 누가 그것에 더 먼저 적응하고 업그레이드해 나가느냐는 기업경영의 최대 관심사가 되고도 남는다. 물론 그것이 바로 시스템경영을 고도화시키는 방법임은 의심할 여지가 없다.

☞　목계木鷄의 지혜

『장자莊子』의 「달생편」에 나오는 이야기다. 싸움닭을 만들기로 유명한 기성자라는 사람이 있었다. 그는 왕의 부름을 받고 싸움닭을 훈련시키게 되었다. 열흘이 지나 왕이 물었다. "이제 대충 되었는가?" 그러자 기성자가 대답했다. "아직 멀었습니다. 지금 한참 허장성세를 부리고 있는 중입니다." 열흘이 지나 왕이 또 물었다. "대충 되었겠지?" "아직 멀었습니다. 다른 닭의 울음소리나 그림자만 봐도 덮치려고 난리를 칩니다." 다시 열흘이 지나 왕이 또 물었다. "아직도 훈련이 덜 되었습니다. 적을 오직 노려보기만 하는데, 여전히 지지 않으려는 태도가 가시지 않습니다." 그리고 또 열흘이 지났다. "대충 된 것 같습니다." 이번에는 왕이 궁금해서 물었다. "도대체 어떻기에?" 기성자가 대답했다. "상대 닭이 아무리 소리를 지르고 덤벼도 조금도 동요되지 않습니다. 멀리서 바라보면 흡사 나무로 만든 닭 같습니다. 다른 닭들이 보고는 더 이상 반응이 없자 다들 그냥 가버립니다." 이것이 나무로 만든 닭, 즉 목계木鷄에 대한 이야기다. 여기서 장자가 말하려고 한 것은 세파에 대한 초연함이다. 상대가 으르렁거려도 초연하게 대처하는 마음, 그것을 가르쳐 준 것이 목계다. 싸움닭이 잘 훈련돼 있으면 싸움을 하지 않더라도 나무 닭처럼 근엄한 위용을 갖춰 어떤 싸움닭도 범접하지 못한다는 것이다. 목계는 '칼은 들고 있으되, 휘두르지 않고 목적을 달성하는 것이 최선의 상책'이라는 『손자병법』의 '상지상上之上, 싸우지 않고 이기는 것'의 교훈을 담고 있다.

시스템경영,
어떻게 발전시킬 것인가?

　1900년대 초 산업화 초기에는 경영환경의 변화가 느리고 소수의 독과점 체제에 의한 공급자 중심의 시장이었다. 이 시기의 경영 시스템은 정부 정책이나 경쟁자의 움직임과 같은 외부환경에 관심을 갖기보다는 어떻게 하면 더 효율을 높여 더 많은 제품을 생산할 것인가와 같은 기업 내부적인 사항에 관심을 가졌다. 예를 들면 인간의 동작 연구를 통해 최대의 생산 효율을 추구한 테일러의 과학적 관리법이나 컨베이어 시스템을 통해 생산의 연속성을 확보함으로써 최대의 생산성을 추구한 포디즘Fordism과 같은 사례가 대표적인

'내부 지향형 시스템'[1]이라고 할 수 있다.

1900년대 중반에 이르러 소비자의 선택권이 넓어지고 소비자 주권 시대Buyer's Market가 열림에 따라, 산업환경에도 일대 변화가 일어나기 시작했다. 그러면서 기업의 이해관계 집단, 다수의 경쟁자, 신규 진입자, 정부의 규제 정책 등에 의해 기업이 외부환경 변화에 적절히 대응하지 않고서는 더 이상 생존할 수 없게 되었다. 당연히 기업은 외부환경에 적응하기 위한 전략이 절대적으로 필요하게 되었다. 뒤이어 경쟁 전략이나 시나리오 플랜과 같은 외부환경 변화에 대응할 수 있는 전략경영 기법이 등장했으며, 경영전략에 따라 기업 내부 시스템을 효과적으로 변화시키는 '환경 적응형 시스템'[2]이 발전하게 되었다.

이처럼 기업은 생태시스템이나 사회 시스템의 중요한 구성 요소로서, 주변의 환경 변화를 유발하고 또 결과에 크게 영향을 받아 왔다. 대부분의 환경오염이 산업 활동에 의해 발생되고 과거에 비해 사회시스템에서 기업이 차지하는 영향력이 커짐에 따라 책임성도 크게 강조되었다. 기업환경 및 사회에 대한 책임을 제대로 수행하는 기업이 궁극적으로 사회와 고객 심지어 지구촌으로부터도 신뢰받고 존경받는 기업이 되어, 더 많은 성장 기회를 보장받게 된 것이다. 160여 개 다국적 선진 기업의 연합체인 '지속가능발전 세계기업협의회WBCSD, World Business Council for Sustainable Development'의 결성으로 경제적 성장과 생태적 균형 및 사회적 발전을 달성하려는 노력만 보더라도, 기업 시스템이 얼마나 적극적으로 외부환경과 상호 작용하면서 가치를 추구하는지 금방 알 수 있다. 이른바 '상호작용 형 시스템'❸의 시대가 시작된 것이다.

궁극적으로 보자면 기업경영에서 차지하는 시스템경영의 범위와 비중도 시간이 경과됨에 따라 점차 확대·심화되고 있다. 예를 들면 대규모 그룹의 총수나 지주회사 차원의 경영 리더십도 계열사 상호 간의 자발적 벤치마킹과 상부상조로 시너지 효과를 일으켜 진화· 발전되는 것이다. 즉, 시스템경영이 내포적으로 또 외연적으로 확 대됨으로써 더욱더 새로운 것이 실현되고 성장·발전 및 진화가 가 속화될 수 있는 것이다. 결국 시스템경영의 발전은 끊임없이 살아 움직이는 유기체이어야 그 효과도 지속적이라는 것이다.

그럼 어떻게 하면 그런 기반을 마련하고 발전시켜 나갈 수 있겠 는가?

첫째, 사람을 믿되 사람만 믿지는 말라는 것이다. 시스템경영의 근간이자 원천은 바로 사람 즉, 우수 인재다. 우수 인재의 확보·양 성 및 활용은 기업의 사활이 걸린 문제이니 최우선적으로 해야 할 일이요, 기업의 가장 확실한 재산이라는 말은 이미 강조한 바 있다. 하지만 오로지 그들만 믿고 운영하다가는 큰코다칠 수가 있다. 인 재를 중시하고 그들의 가치를 높이 인정하고 보상하는 것을 최우선 으로 중요시하되, 결코 그들만 철석같이 믿고 맡겨 두기만 해서는 안 된다는 것이다. 그들이 시현한 높은 역량과 성과의 모범 사례Best

Practice에 대한 재현성을 높여서 지속적으로 조직의 효율성과 효과성을 높여 갈 수 있도록 함은 물론이다. 나아가 이들이 보다 발전되고 진화된 시스템으로 조직 내 활착되어 일상적으로 활용되도록 해야 하며, 뒤이어 합류하는 구성원이 이를 보고 체득할 수 있는 확실한 시스템경영이 되도록 해야 한다는 것이다.

어떤 조직에서나 핵심 인재는 경쟁력과 미래 가치의 근원이자 전부이기도 하다. 그렇지만 아이러니하게도 그 핵심 인재에게만 지나치게 의존하다가 막상 그들이 조직을 떠나게 되는 경우가 발생하게 되면, 수습하기 어려운 예상치 못한 문제가 생겨날 수 있는 소지가 있다. 예컨대 일시적인 큰 혼란이 야기되거나 일관성 있는 업무 추진이 어려워 성과가 급격히 떨어지거나 경쟁력이 떨어져서 경우에 따라서는 조직의 존립에 치명타가 될 수도 있다.

몇몇 핵심 인재에게 의존하거나 좌우되지 않고, 어느 누가 들어오고 나가더라도 업무나 조직의 계속성에 지장을 초래하지 않고, 안정적인 체제로 변함없이 성과를 내며 성장·발전할 수 있도록 하는 것 그것이 바로 시스템경영이다. 다시 말해 시스템경영은 정교한 시스템과 시스템적 사고에 익숙한 핵심 인력의 주도 아래 조직 전체의 성과를 고양시키는 경영 방법이다. 그러기 위해서는 구성원 각자가 자신의 업무를 좀 더 넓은 시각으로 새롭게 규정하고, 시스템의 진화·발전의 중요성을 정확하게 깨닫고 실행에 옮겨야 한다. 그렇게만 된다면 성공적인 경영은 저절로 이루어지게 되는 것이다.

둘째, 물고기를 잡아 주는 관리자나 상사가 되지 말고 물고기를 제대로 잘 낚는 방법을 가르쳐 주는 매니저가 되라는 것이다. 그들에게 업무 처리 방법이나 노하우를 직접적으로 주입시키려 들지 말고, 어떻게 하면 그것을 스스로 터득할 수 있는지 도와주라는 것이다. 눈앞의 빠른 성과를 위해서는 물고기를 잡아 주는 것도 손쉬운 한 방법이 되겠지만, 그것은 어디까지나 근시안적이고 단기적 수단이나 방법에 지나지 않는다. 좀 더 깊게, 좀 더 넓게, 좀 더 멀리 바라보고 장기적인 안정적 성장을 이루게 하려면 시간이 걸리더라도, 낚시하는 기초 방법과 기본 자세부터 정교하게 잘 가르쳐 스스로 터득하도록 하는 것이 오히려 지름길이요 항구적인 방법이라는 것이다.

물론 때로는 그것이 혹독하고 힘든 어려운 과정이 될 수도 있을 것이다. 하지만 그렇게 일을 근본적으로 배우고 익혀 조직의 시스템으로 체화시켜 나가도록 한다면, 이 세상 그 어떤 조직에서도 살아남을 수 있는 소중한 사례와 지혜를 터득하게 된다. 그 길이 바로 성공에 이르는 확실한 길이며, 그러한 조직에서 주인의식과 열정이 불타오르게 된다.

셋째, 자신을 스스로 사랑하지 않는 사람은 그 누구의 사랑도 받지 못한다는 것이다. 요리를 잘하는 사람과 그렇지 않은 사람의 차이는 '칼놀림'에 있다. 전자는 능수능란하고 여유 있게 칼을 쓰지만, 그렇지 않은 사람은 어딘지 모르게 서툴고 어색하다. 그럼 자신을 사랑하는 사람과 그렇지 않은 사람의 차이는 어디를 보면 알 수 있을까? 바로 얼굴이다. 얼굴은 얼과 굴로 이루어진 순수한 우리말이다. 얼은 정신과 같은 뜻으로 쓰이며, 정신의 골격 혹은 핵으로 해석된다. 그러니까 얼굴은 얼이 드나드는 굴길이라는 의미가 된다. 자신을 사랑하는 사람의 얼굴에는 얼 즉, 정신이 살아 있다. 정신이 살아 있는 얼굴은 생기가 있고 맑다.

자신을 사랑한다는 것은 자기가 자신의 참된 주인이 되어 매사에 열정熱情을 다한다는 뜻이다. 그 열정으로 인해 스스로 사기가 높아지고, 성취감이 충만해지며, 즐겁게 일을 하며, 능률도 배가된다. 뿐만 아니라 무슨 일을 해도 항상 몸과 마음을 바르게 유지하려 애쓰며 주위 사람들 역시 그렇게 맑고 밝게 유도한다. 그런 구성원은 매사에 '시스템적 사고에 충만한 생활'로 일관한다. 사랑하는 사람을 마음속 깊이 아끼고 존중하듯이 자기 자신을 스스로 아끼고 존중하게 된다. 정교한 시스템이 잘 갖추어진 조직 안에는 시스템적 사고에 숙달된 구성원이 많이 양성될 수 있다. 아무리 그릇이 깨끗하고 아름다워도 흙탕물이 담기면 흙탕물 그릇이 되듯이, 조직이 겉으로는 그럴듯하고 규모가 크다 해도 구성원의 시스템적 사고와 자질이 부족하면 발전적으로 진화하는 건실한 조직이라고 말할 수가 없다. 맑고 투명한 깨끗한 물이 담긴 그릇을 원한다면 물방울 하나하나가 맑고 투명하고 깨끗해야 하듯, 장래가 밝은 발전적인 조직을 원한다면 구성원 한 사람 한 사람이 맑고 투명하고 깨끗한 시스템적 사고와 행동에 숙달될 수 있는 경영환경을 한시바삐 만들어야 한다.

☞ 혁신적 리더는 구성원을 기업가로 기른다(버논 엘리스, 액센츄어 회장)

❶ 기업가정신이란

한국을 포함한 26개국 1천여 경영자들을 대상으로 기업가정신에 관한 조사를 했는데, 흥미로운 결과가 제법 많았다. 이를 종합해 보면 기업가정신에는 다섯 가지 특징이 있다. ①창의성 ②실제적인 방법으로 혁신적인 아이디어를 적용할 수 있는 능력 ③열정을 갖고 일을 추진하는 것 ④가치를 창조하기 위해 개선에 초점을 맞추는 것 ⑤위험을 감수하는 것 등이다.

이런 모든 것을 혼자 다 할 수는 없다. 다른 사람과의 협조와 팀워크가 필수적이다. 기업가정신을 구현할 수 있도록 팀제를 활성화시켜야 하는 이유다. 기업가적인 행동은 미래의 성공을 보장하는 열쇠다. 그러나 기업은 성공하게 되면 규모가 커지고 또 복잡해진다. 그래서 기업가정신은 묻혀 버리고 만다.

❷ 리더와 종업원 간의 인식 격차

경영진은 자신은 위험을 감수하면서 기업가정신을 발휘하고 있는데 다른 직원들은 그렇지 않다고 생각하는 경향이 있다. 기업가적인 능력을 발휘함에 있어 갭gap이 존재한다는 얘기다. 그 갭이 가장 큰 나라는 헝가리다. 42%에 가깝다. 한국의 경우는 그 갭이 13%로 그렇게 나쁜 편은 아니지만 싱가포르(2%), 일본(6%)과 비교하면 심각한 편이다. 이런 갭은 신뢰의 문제요, 경영진의 능력과도 관련이 있다. 종업원은 경영진의 기대만큼 능력을 발휘하는 것이다.

앞으로는 점점 더 무형의 자산들이 중요해질 것이다. 브랜드·지식·연구개발R&D· 기업가정신·명성 등에 더 집중해야 한다. 특히 브랜드의 중요성은 그 어느 때보다 높다. 이런 상황에서 명령과 통제가 중심이던 아시아적 리더십은 종업원의 혁신을 장려하는 새로운 리더십으로 바뀌어야 한다. 이런 목표를 달성하기 위해서는 다시 기본으로 돌아갈 수밖에 없는데 ①창의적인 기업가정신을 발휘할 수 있도록 사람들을 가르치는 것 ②창의적인 결과를 도출할 수 있도록 임직원에게 동기를 부여하는 것 ③임직원이 확실한 목표를 세울 수 있도록 정확한 경계를 정해 주는 것 ④그런 노력에 대해 제대로 보상하는 것 등의 노력이 필요하다.

❸ 실행해야 할 다섯 가지 과제

첫 번째, 명확한 전략과 목표를 세워야 한다. 전략보다는 목표가 더 중요하다. 전략은 유연하게 바뀔 수도 있지만, 목표는 명확하게 설정해야 한다. 리더들은 임직원이 지나치게 진취적일까 봐 걱정한다. 그럴수록 공유할 수 있는 목표를 제시해야 한다. 두 번째, 일을 크게 벌이되 행동은 작게 해야 한다. 제품 중심이던 조직을 새롭게 재편해 혁신을 잘할 수 있는 구조로 만들었기 때문이다. 세 번째, 회사 내에 기업가정신을 존중하는 문화를 만들어야 한다. 적절한 리스크가 주어진 테두리 안에서 일할 때는 실패하더라도 모험을 장려해야 한다. 네 번째, 회사 내의 지적 자원을 극대화해야 한다. 이를 위해서는 사내 관료주의를 척결해야 한다. 관료주의가 심해지면 서로 책임지지 않으려고 지식을 나누지 않는다. 다섯 번째, 다양성을 장려해야 한다.

❹ 새로운 스타일의 리더십

앞으로는 기업가정신이 충만한 리더entrepreneurial leader만으로는 부족하다. 기업가를 기를 수 있는 리더leader of entrepreneurs가 필요하다. 혼자 기업가정신에 충만한 리더는 외롭고 영웅적이다. 높은 성장을 달성하는 경우도 있지만 지속되기는 힘들다. 자신의 아이디어를 달성하기 위해 주로 회사 내부 일에만 신경을 쓴다. 이에 반해 기업가를 기를 수 있는 리더는 협력적인 팀의 멤버로서 자신을 자리매김한다. 자신뿐 아니라 남들도 창의적인 기업가정신을 가질 수 있도록 독려한다. 회사 내에 기업가정신이 가득한 문화를 만들기 위해 노력하고 무엇보다 신뢰 구축에 힘쓴다. 이것이 새로운 시대에 요구되는 리더의 모습이다.

버논 엘리스
버논 엘리스 액센츄어 국제담당회장International Chairman은 지난 34년간 한 우물만 파온 액센츄어의 '대표' 컨설턴트다. 영국인으로 명문 옥스퍼드 대학을 졸업했다. 원래 전공은 화학이었지만 69년 졸업할 때 받은 학사학위는 철학·정치학·경제학 3개였다.
경제학 전공을 살려 졸업과 동시에 액센츄어 컨설턴트가 됐다. 86년에 영국 총괄 파트너를 거쳐 89년엔 유럽·중동·아프리카 및 인도 지역을 총괄하는 파트너가 됐다. 국제담당회장이 된 건 지난 1999년. 전 세계 47개국 110여 개 사무소의 전략적 운영 및 해외경영관리를 총괄하고 있다. 철학·정치학을 전공한 바탕 위에 국제적 감각까지 뛰어나 세계경제포럼WEF 등에서 의장을 맡는 등 다양한 분야에서 활동하고 있다.

시스템경영을 실행하려면
시스템경영 지침이 필수

시스템경영이 아무리 좋고 필수적이라고 해도, 그것을 실행할 조건이 갖추어져 있지 않다면 아무 소용이 없다. 제반 조건이 갖추어지지 않는 상태의 시스템경영이란 겉으로 나타나는 무늬만 그럴듯하게 보일 뿐, 결국엔 성과로 이어지지 않기 때문이다. 마치 학생이 공부를 아무리 열심히 해도 성적이 오르지 않는 이유가 책을 펴놓고 딴짓을 하거나 기초가 부실하기 때문인 것과 같다. 기업경영 역시 성과주의경영을 실행하고 있음에도 불구하고 성과가 오르지 않는다면, 경영의 기본인 운영 메커니즘이 잘못되어 성과가 아닌 것을 성과라고 하는 등의 딴짓을 하고 있거나, 애초부터 경영의 기초인 '사람과 시스템'이 부실한 탓이리라. 그러한 문제점을 근본적으로 해결해 주는 것이 곧 시스템경영 지침이다.

그러므로 기초가 튼튼하고, 운영 메커니즘이 실효성 있게 효율적으로 운용되려면, 우선 시스템경영의 실행 원리를 제대로 이해하고 이를 경영 현장에서 실행 가능하게 해 주는 가이드라인의 의미를 지닌 '시스템경영 지침 및 요령(이하 시스템경영 지침)'[18]이 필요하다는 것이다. 이러한 '시스템경영 지침'은 조직 내에서 합의된 공통의 기준과 절차가 조직의 핵심 목적 및 핵심 가치와 접목되어 바람직한 업무 행동의 기준이나 프로세스로 수용됨으로써, 곧바로 실무에 적용·실행되도록 시스템적 사고로 문서화한 것을 말한다. 그리고 그것이 설령 유연성과 탄력성이 확보되어 있다고 하더라도 그 상태에 그냥 머무르지 않고, 경영환경의 변화와 조직의 성장·발전에 맞추어 끊임없이 발전·진화되도록 해야 한다.

시스템경영 지침은, 경영이 특정 한두 사람의 리더십에 의존하거나 독선이나 아집 및 주먹구구식 판단에 좌우되는 경영의 한계를 극복하게 할 뿐만 아니라, 경영환경에 시의성과 적합성을 가지고 조직 스스로가 지속적으로 대응해 나가도록 하는 기능을 가지고 있다. 다시 말하면 조직 구성원 전원이 자발적으로 경영에 참여해 조직의 역량을 경영 목표에 집중시키고, 운영 차원의 일상적인 일은 시스템과 실무진에 의해 효율적·실시간 지향적으로 관리·운영

됨으로써, 경영진은 일상적인 운영 차원의 일은 시스템과 실무진에 맡기고 풍부한 상상력·예리한 직관·기민한 결단력 및 소신을 가지고 비전이나 전략의 수립과 전개 등의 내일을 위한 전략경영과 예외관리에 집중할 수 있게 된다.

그리하여 조직 전체로는 운영 차원의 일상적인 일이 시스템에 의해 효율적·실시간 지향적으로 관리·운영됨으로써, 경영력을 확충하고 성과를 극대화하게 되어 상하 간에 자율경영이 의외로 부드럽게 이루어지게 된다. 그러면 구성원 모두가 주인의식과 일에 대한 열정을 가지고 효율과 스피드를 증진시켜 지속적인 고성과를 창출하게 되는 '킬러 앱'[19]의 역할을 하게 된다. 시스템경영 지침은 이러한 새로운 방식과 행태로의 실현을 자연스럽게 이루게 함으로써, 구성원으로 하여금 강한 의욕과 주인의식 및 열정을 갖게 하는 것이다.

☞ Believing everyone is dangerous, believing nobody is very dangerous.
- Abraham Lincoln -
아무나 믿는 것은 위험한 짓이지만, 아무도 못 믿는 것은 더욱 위험한 짓이다.

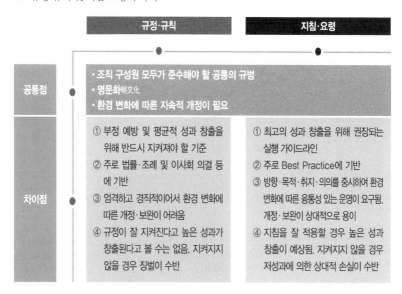

규정·규칙	지침·요령
공통점 · 조직 구성원 모두가 준수해야 할 공통의 규범 · 명문화明文化 · 환경 변화에 따른 지속적 개정이 필요	
차이점 ① 부정 예방 및 평균적 성과 창출을 위해 반드시 지켜져야 할 기준 ② 주로 법률·조례 및 이사회 의결 등에 기반 ③ 엄격하고 경직적이어서 환경 변화에 따른 개정·보완이 어려움 ④ 규정이 잘 지켜진다고 높은 성과가 창출된다고 볼 수는 없음. 지켜지지 않을 경우 징벌이 수반	① 최고의 성과 창출을 위해 권장되는 실행 가이드라인 ② 주로 Best Practice에 기반 ③ 방향·목적·취지·의의를 중시하여 환경 변화에 따른 융통성 있는 운영이 요구됨. 개정·보완이 상대적으로 용이 ④ 지침을 잘 적용할 경우 높은 성과 창출이 예상됨. 지켜지지 않을 경우 저성과에 의한 상대적 손실이 수반

19 등장하자마자 경쟁제품을 몰아내고 시장을 완전히 재편할 정도로 인기를 누리면서 투자 비용의 수십 배 이상의 수익을 올리는 상품이나 서비스를 말한다.

미국의 주식투자가들이 실리콘밸리나 보스턴의 테크놀로지 센터 같은 곳에서 만들어진 소프트웨어 '둠'이나 '스타크래프트' 따위를 '킬러 애플리케이션'이라고 부르면서 쓰이기 시작한 용어로서, 줄여서 '킬러 앱'이라고도 한다.

1999년 미국 노스웨스턴 대학교의 교수이자 변호사·컨설턴트인 래리 다운스Larry Downes와 비즈니스 전문지 편집장인 춘카 무이Chunka Mui가 공동으로 저술한 같은 제목의 저서를 통해 알려졌다.

증기엔진, 자동차, 아스팔트, 인터넷 등과 같이 시장에 나오자마자 산업을 변화시킨 것들이 대표적인 킬러 앱이라고 할 수 있다. 또 전문가들은 아직 출시되지 않았으나 스트리밍 미디어, 시스템온칩, 복합칩, 차세대 무선통신, 나노테크놀로지 등을 가까운 미래의 킬러 앱으로 보고 있다.

경영학자들은 창조적인 아이디어와 상품성을 연결하는 킬러 앱을 많이 보유한 기업이 높은 경쟁력을 유지할 것이라고 전망한다.

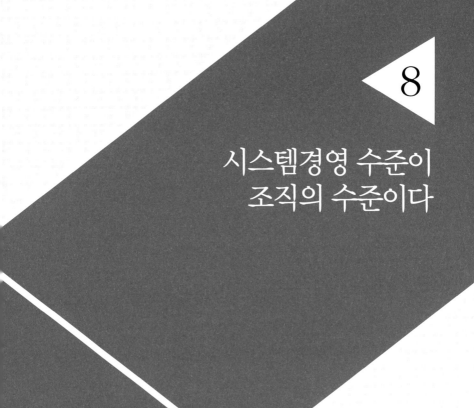

8

시스템경영 수준이
조직의 수준이다

시스템경영 수준 진단은
왜 필요한가?

진단診斷, diagnosis이란 포괄적인 의미로, 의사가 환자의 상태를 살펴보고 병명을 판정하는 일을 말한다. 다시 말해 환자의 정신과 육체에 대한 전반적인 실태를 판단해서 조치를 취하고, 더 나은 상태로의 모색을 꾀한다는 것이다. 이때 의사는 환자의 발병 상태에서 나타난 주요 증상symptoms을 중점으로 병의 경과를 상세하게 조사하게 되며, 모든 경우의 수를 두고 검사를 실시하게 된다. 여기까지의 진행 과정을 진단이라고 한다.

진단을 내리기 위해서는 그것을 뒷받침할 만한 필수 검사가 필요하다. 그리고 그렇게 얻어진 결과를 모아서 최종적으로 판단을 내리게 되며, 그 자료를 바탕으로 치료 약과 물리치료 및 운동 요법 등을 권고하게 된다.

그러한 진단이 필요한 것은 기업도 마찬가지다. 기업의 경영 체질을 개선하고 튼튼하게 하기 위해서는 경영의 효율성과 효과성을 살피고, 성과와 경쟁력을 분석·평가하는 작업이 매우 중요하기 때문이다. 이른바 경영 수준을 진단하는 것이다. 기업이 수준 진단을 할 때는 구성원이 납득할 수 있는 보편적인 경영 모델을 기반으로 하여 전반적인 경영 상태와 관리 수준을 평가해야 한다.

시스템경영의 수준 진단 체계는 크게 진단 및 평가의 대상이 되는 부분과 대상이 되지 않는 부분으로 구분할 수 있다. 회사가 지향하는 궁극적인 목표 즉, 미래상의 실현 모습인 '우량 기업·좋은 직장·신뢰받는 기업'의 실현 정도와 이를 가능하게 하는 경영의 기초인 '사람과 시스템'과 경영의 기본인 '성과주의 운영 메커니즘'이 시스템경영 수준 진단과 평가의 주 대상이 된다.

시스템경영 수준 평가 체계는 크게 성과 평가❶와 능력 평가❷로 구분할 수 있다. '성과 평가'는 회사의 목표인 미래상의 실현 모습을 각각 EVA 등의 재무 성과·직장 만족도·기업 이미지 등으로 평가하는 것이다. 반면 경영의 기초인 '사람과 시스템', 경영의 기본인 '성과주의 운영 메커니즘'은 시스템경영의 실행 모형Practice으로써, '능력 평가'의 대상이다. '전원 참여·고효율·자율경영'은 시스템경영의

진단/평가		시스템경영 구성 요소	성과/능력
평가	회사의 미래상	초일류 기업(Excellent Company) 우량 기업 · 좋은 직장 · 신뢰받는 기업	성과
진단	기본 경영방침	전원 참여 · 고효율 · 자율경영을 통한 고성과 창출	
	운영메커니즘 기본요소	성과주의경영 우수한 인재 · 탁월한 시스템	능력
	경영 혁신	경영 혁신	

■ 진단·평가가 성과·능력에 해당되지 않는 시스템경영의 구성 요소

[시스템경영 수준 진단과 평가 및 성과와 능력의 영역]

목적인 고성과 창출을 위한 필요조건이자 전제 조건이며, 경영 방침이자 경영 원리이므로 시스템경영의 수준 진단 및 평가의 대상은 아니다.

기업이 시스템경영의 수준 진단을 해야 하는 이유는 그것이 모든 기업에 보편적으로 적용할 수 있는 궁극적인 목표로서의 미래상인 초일류 기업이 되기 위한 목적 수행의 과정이기 때문이다. 그와 더불어 각 사업 부문의 시스템경영 성숙도 수준을 정기적으로 진단해 일관성 있는 경영 혁신의 방향과 과제를 도출함으로써, 시스템경영 능력 향상을 촉진하기 위한 것이다. 즉, 시스템경영의 궁극적인 목적인 지속적인 고성과 창출을 위해 무엇이 성과 창출에 장애 요인 Bottle Neck[1]이 되며, 또 어떤 장애 요인이 시급하고 중요한지를 가려내고, 그것을 제거하거나 해결해 나가기 위함이다. 뿐만 아니라 시

스템경영 주요 요소의 성숙도 수준을 상대적으로 가늠해, 이들 요소의 성숙도 수준을 상향 평준화Upward Leveling[2]하고, 경영 자원의 배분·활용과 경영 노력의 효율성을 극대화하기 위한 것이다. 결국 선진 초일류 기업의 모범 사례Best Practice[3]와 비교·평량해 봄으로써 그들과의 격차를 정확히 인식하고 같은 수준이나 그 이상의 수준으로 향상시켜 나가기 위한 구체적인 실천 과제와 방안을 모색하기 위한 것이라고 할 수 있다. 이런 맥락으로 볼 때 어느 특정 시점에서 유행하는 혁신 기법이나 모델을 따르기 보다는 확실하게 중심을 잡고 정기적인 진단을 통해 일관성 있게 혁신 과제와 문제점을 발굴·도출·개선하는 것이 가장 바람직하다. 그러나 유행하는 다양한 혁신 기법은 필요한 경우에 부분적·보조적으로는 얼마든지 원용할 수 있을 것이다.

시스템경영의 수준을 진단하기 위해 전제되어야 하는 것은 조직 전체의 업무 흐름과 프로세스를 정확하게 파악할 수 있는 안목이다. 이런 안목을 키울 수 있는 가장 좋은 방법은 체계적인 진단 자원을 확보하는 것이다. 진단 자원은 크게 모범 사례·진단 조직·진단 카드로 나누어 볼 수 있다.

시스템경영 수준 진단의 종합 평가서 작성은 진단팀과 피진단 조직의 준비 설문 단계·실사 단계·종합 단계를 통해 완성된다.

수준 진단의 최종 목적은 시스템경영의 기본 요소 즉, 경영의 기초인 '사람과 시스템', 경영의 기본인 '성과주의 운영 메커니즘'의 각

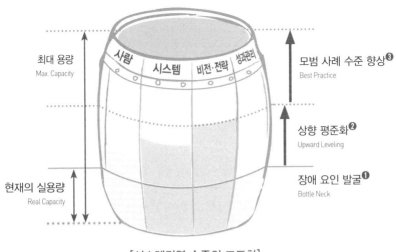

최대 용량
Max. Capacity

사람 시스템 비전·전략 성과관리

모범 사례 수준 향상❸
Best Practice

상향 평준화❷
Upward Leveling

장애 요인 발굴❶
Bottle Neck

현재의 실용량
Real Capacity

[시스템경영 수준의 고도화]

세부 영역의 능력 진단 결과를 통해 현재의 시스템경영 수준을 측정하고 지향해야 할 목표 수준을 정한 후, 최종 목표Level 5 수준 달성을 위해 필요한 과제들을 제시하는 것이다.

그러한 과정을 완성하기 위해서는 우선 현재의 경영 수준을 측정하기 위해 개별 실행 모형의 시스템경영 성과와 능력을 도출하고, 각 요소별 실행 모형 부문자원·프로세스·성과의 수준 진단 종합 결과를 디지털 경영현황 속보판[20]RTE Dashboard에 게시해야 한다. 그다음은 실행 모형의 진단 결과를 5단계로 정의해 현재As-Is의 시스템경영 수준을 표현한다. 진단 결과를 5단계로 정의하는 것은 현재의 실행 모형별 능력 수준을 정확히 파악하고, 최종 목표 수준에 도달하기 위한 역량들을 제시함으로써 의지를 고취하기 위한 것이다.

그렇게 현재의 실행 모형별 능력 수준을 5단계로 묘사한 후 그 결과에 따라 성과·프로세스·자원 부분의 개선 요구 사항을 실현하기 위해 현행 수준As-Is과 목표 수준To-Be을 비교·분석하고, 현재의 수준과 달성 목표와 관련해 개선 요구 사항들의 상호 연관 관계에 대한 충분한 협의와 합의를 거쳐 혁신 과제가 도출되는 것이다.

수준 진단 결과로 도출된 혁신 과제에 대한 중요도와 실행도가 결정되면, 그 기준에 따라 우선순위를 설정·제시해야 한다. 도출된 혁신 과제는 과제 수행 중요도와 실행도를 측정하는 우선순위 매트릭스의 평가 결과에 따라 우선 과제, 선택 과제, 추후 시행 과제로 분류해 관리하도록 한다. 혁신 과제의 우선순위가 결정되면 최종적으로 우선 과제·선택 과제·추후 시행 과제로 분리된 과제명별로 과제 추진의 우선순위·예상 소요 시간·평가 지표 및 과제 수행 일정을 종합 기술한 로드맵을 작성해 혁신 과제를 수행해 나가는 데 실제적으로 활용한다.

☞ If you are born poor, it's not your mistake.
But if you die poor, it's your mistake.   - Bill Gates -
가난하게 태어난 것은 당신의 잘못이 아니지만, 가난하게 죽는 것은 당신 책임이다.

[시스템경영 수준 INDEX]

시스템경영 수준 / 시스템경영 성과 / 시스템경영 능력

각 항목별 시스템경영 성과

구분	재무 성과		직장 만족도		기업 이미지		결과
	내용	결과	내용	결과	내용	결과	
시스템경영 성과	전년 대비 당해 연도 EVA 증가율	■	연 1회 설문조사	■	외부 평가 결과 채택, 없을 경우 연 1회 설문조사	■	■
종합	재무 성과가 우수함	■	직장 만족도가 낮음	■	기업 이미지 낮음	■	■

→ 시스템경영 성과 결과

Practice 부문별 수준진단 결과

구분	Resource		Process		Perfomance		결과
	내용	결과	내용	결과	내용	결과	
1. 성과주의 경영	비전·전략 수립을 위한 유·무형 자원 투입 수준	■	비전·전략 수립 프로세스 수준	■	비전·전략 수립의 결과 수준	■	■
	전략적 성과 관리 유·무형 자원 투입 수준		전략적 성과관리 프로세스 수준	■	전략적 성과 관리 결과 수준	■	■
2. 사람	인적자원 투입 수준	▨	전략적 인적 자원 관리 프로세스 수준	■	전략과 인적 자본관리의 정립 수준	▨	▨
			조직단위 관리 프로세스 수준	■			
	조직 유·무형 자원투입수준	■	조직운영 관리 프로세스 수준	▨			
	기업 문화 인재	▨	변화관리 프로세스 수준	▨	태도와 행위	■	▨
관리 시스템							
3. 시스템	기본관리 시스템 유·무형 자원 투입 수준	▨	기본관리 시스템 프로세스 수준	▨	기본관리 시스템 결과 수준	▨	▨
	업무관리 시스템 유·무형 자원 투입 수준	▨	업무관리 시스템 프로세스 수준	▨	업무관리 시스템 결과 수준	▨	▨
RTE							
	RTE 관련 유·무형 자원	■	RTE 프로세스 수준	■	RTE 결과 수준	▨	▨
종합	유·무형 자원 투입 수준은 높은 수준임	■	프로세스 성숙도 수준은 일부 개선 영역이 있음	■	자원 투입 대비 결과 수준은 일부 개선 영역이 있음	▨	▨

→ 시스템경영 요소별 수준 진단 결과

■ 기대 수준 만족
■ 일부 영역 개선 필요
▨ 기대 수준 이하

전반적인 프로세스 미흡으로 자원 투입 대비 우수한 결과Performance를 얻지 못하고 있으며, 성과주의경영의 Process 및 Perfomance Area가 주요 개선 대상임	■

→ 종합진단 평가 및 결과

모범 사례와 진단 조직,
그리고 진단 카드

의사가 청진기나 혈압계 등을 사용해 진단을 내리듯이, 경영 수준 진단을 내릴 때도 진단 도구가 필요하다. 일종의 기준치나 기준점을 제시하는 것인데 시스템경영 수준 진단의 기준점이 되는 모범 사례나 진단 조직·진단 카드가 이에 속한다. 모범 사례는 정성적 또는 정량적으로 표현될 수 있다. 정성적일 때는 리딩 프랙티스Leading Practice로 지칭되며, 주로 프로세스 수준 진단을 위한 기준점으로 활용된다. 정량적일 때는 벤치마크Benchmark로 지칭되며, 성과와 자원 수준 진단을 위한 기준점으로 활용된다.

수준 진단을 수행하는 추진 조직은 진단 실행의 주체인 진단팀·평가팀·피진단 조직의 TFT로 구성된다. 수준 진단 추진 조직의 역할과 책임은 다음과 같다.

1) **진단팀:** 해당 실행 모형에 대한 전문 지식을 보유한 전문가 조직으로서, 설문 및 실사 과정을 통한 실제 사례의 수집과 분석을 바탕으로 개별 실행 모형의 수준을 진단하고 결과를 보고하는 임무를 갖는다. 또한 진단 결과로 알 수 있는 현재의 경영 수준을 전제로 미래의 달성 목표를 위해 수행해야 할 과제를 도출해 내기도 한다.

진단팀은 진단 툴을 사용하는 주체로서, 진단의 기준점인 모범 사례가 새로운 추세를 반영할 수 있도록 모범 사례를 지속적으로 업데이트해야 한다. 뿐만 아니라 목표 수립 시 전략 방향이나 부서의 전략적 위상에 대한 체계적이고 분석적인 고려 없이 이루어지는 단순 매출이나 이익·비용 절감 등은 재무적 운영지표이긴 하지만 활용을 피해야 한다. 그런 경우 해당 부서의 전략적 미션을 충분히 망라하지 못해 목표의 타당성 결여라는 문제를 발생시킬 수 있기 때문이다. 따라서 비슷한 수준의 목표를 할당하거나 부서 간의 서로 다른 여건 및 목표의 난이도를 반영하는 절차를 거쳐 조정하는 것이 필요하다.

더불어 목표 항목 및 수준 등 평가 기준에 대한 합의 과정을 거침으로써, 검증 기능의 불완전성을 보완해야 평가에 대한 불평을 해

소할 수 있다.

2) **평가팀:** 진단 대상이 되는 피진단 조직의 경영에 대해 전반적으로 이해 수준이 높아야 한다. 시스템경영에 대한 피진단 조직 전체의 성숙도 수준을 결정하는 주체이기 때문이다. 즉, 시스템경영 수준 진단에 있어서 진단팀과 평가팀은 매트릭스 조직을 형성하여 진단 작업을 수행하게 된다. 평가팀의 역할 중에 역량 평가와 성과 평가를 연계관리하여 구체적으로 제시함으로써, 구성원이 유효하게 활용할 수 있게 하는 것은 매우 중요하다. 성과 지향의 역동적인 조직으로 변화시키기 위해서는 역량과 성과를 제대로 파악해서 부진자에 대한 대처와 함께 우수 인력의 유출을 막아야 하기 때문이다.

역량 평가는 회사의 핵심 가치 및 업무의 특성에 부합되는 바람직한 인재상으로서의 품성·자질·태도에 관한 '기본역량'과 경영관리자의 리더십 및 능력에 관한 '리더십 역량'을 중심으로 이루어진다. 하지만 역량 평가의 실효성을 제고해 나가기 위해서는 임직원 개인별 직무 분석 및 역량 모델링을 토대로 한 '직무역량' 평가를 병행하여 발전시켜 나가도록 한다.

역량 평가는 정량적 평가 요소가 적어 평가의 객관성을 확보하기가 어려우므로 직속 상사 1인의 평가에만 의존할 경우, 공정한 평가가 어렵거나 훼손될 우려가 있다. 그러므로 이에 대한 보완적 방법으로 360도 다면평가 제도를 활용한다. 다면평가 결과의 활용 방법은 인사에 일정한 비율로 반영하는 경우와 역량 평가 결정권자에게 참고 자료로 제공하는 경우로 대분된다. 평가자들의 객관성 확보 등 다면평가 제도 자체의 제반 문제점을 감안할 경우 후자가 더 바람직하다고 하겠다.

성과 평가는 특정 기간 동안 개인과 부서가 달성한 성과를 평가하는 기법을 말한다. 일반적으로 목표관리MBO식 성과 평가 방법이 활용되고 있다. MBO는 사전에 설정된 목표를 얼마나 달성했는가를 측정해, 부서나 개인 성과를 판정하는 결과 지향적 평가 방법이다. 평정 척도법[21]이나 서술식 평가법에 비해 실질적으로 나타난 성과를 측정한다는 점에서 평가의 타당성이 높다.

MBO는 직무 개발과 인재 육성이 용이하고, 설계하는 데 비용과 시간을 줄이며 성과를 향상시키는 데 효과적이기 때문에 직무 성과가 객관적으로 측정되는 직접 부문에 적용하는 것이 용이하다. 반면 성과 달성을 객관적으로 측정하기 어려운 간접 부문에는 적용하기 어렵다는 단점이 있으며 아직은 운영상 몇 가지 문제점이 발견되고 있는 실정이다.

성과 평가 실행 시 유의해야 할 점은 평가 항목 및 가중치 설정에 있어서, 중요도에 따른 균형 있는 가중치를 설정하고 관리의 시각 및 평가의 형평성 문제가 발생하지 않도록 해야 한다는 것이다. 또한 목표 및 평가 기준을 회계 연도 초에 사전 설정하는 것이다. 정성적 평가 항목이 지나치게 주관적이고 자의적으로 흐르지 않도록 측정해야 하며, 예기치 못한 상황이 발생하더라도 조정 절차나 방법을 규정할 필요가 있다. 평가의 공정성을 제고하기 위해 평가제도 및 기준 등을 객관적으로 수립하는 것도 중요하지만 피평가자를 가장 잘 알 수 있는 평가자가 선정되도록 평가 계통을 사전에 명확하게 하고, 평가역량을 제고하기 위한 셀프 체크리스트 활용 및 정기적인 평가자 교육을 실시할 필요가 있다.

이와 같이 평가를 실시하는 본질은 차등 보상을 결정하는 것에만 있는 게 아니라, 개인의 역량 육성과 경영 시스템이 효율적으로 작동하는지를 점검하고 피드백하는 것에 있다. 따라서 평가를 위한 평가에 그치지 않도록 지속적인 노력을 기울여 독특한 기업 문화로 발전시켜야 한다.

3) 피진단 조직의 TFTTask Force Team: 수준 진단팀에게 수준 진단 수행에 필요한 자료를 제공하고 면담 및 설문조사 일정을 조정·주선함으로써 진단 주체의 원활한 수준 진단 시행을 지원해야 한다. 또한 TFT는 진단 과정에 적극적으로 참여하여 진단 결과를 정확하게 이해하고 있는 조직으로서, 진단 이후에 진단팀이 제시하는 과제를 수행하며 핵심적인 역할을 해야 한다. 따라서 실행 모형에 대한 높은 이해는 물론 각 부서의 혁신관리를 담당하는 임직원들로 구성하는 것이 바람직하다.

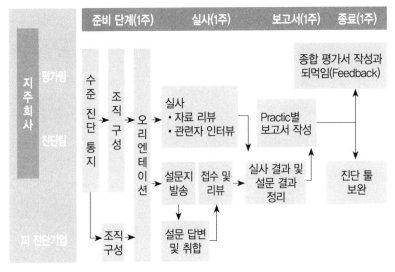

[시스템경영 수준 진단 절차도 모형]

　진단 카드는 성과·프로세스·자원으로 구성되며 개별 실행 모형 별 성과에 따라 프로세스가 어떻게 구성되어야 하는가를 이해할 수 있게 한다. 다만 주의할 점은 실행 모형 결과인 성과와 그것을 달성하기 위해 필요한 프로세스 및 자원 간의 관계다. 양자는 개념적 차원에서 인과관계를 가질 수 있지만, 특정 시점에서 프로세스나 자원 수준이 높게 평가된다고 해서 반드시 높은 수준의 성과를 나타내는 것은 아니다. 그 이유는 아무리 자원과 프로세스를 잘 갖추었다고 하더라도 그것이 성과로 곧바로 이어지기 위해서는 시차가 존재하기 때문이다. 즉, 확보된 자원과 프로세스가 조직 내부에 완전히 흡수되어야 성과를 기대할 수 있다는 것이다. 또 다른 이유는 성과가 조직 내부에서 확보한 자원과 프로세스의 영향을 받기도 하지만 그와 동시에 기업이 통제할 수 없는 외부환경의 영향을 받기도한다는 것이다.

성과 진단 카드의 설계 기준은 목적 달성을 위해 궁극적으로 수행해야 할 사명인 미션과 그 미션을 수행하기 위해 달성해야 할 목표 그리고 미션의 달성도를 측정하기 위한 지표인 KPI_{Key Performance Indicator}로 구성된다. 실행 모형의 성과 수준을 측정하기 위하여 최저점과 최고점을 단계별로 정하되, 이때의 최고점은 모범 사례 수준을 말한다.

프로세스 진단 카드의 설계 기준은 해당 실행 모형의 리딩 프랙티스에 대한 근접도를 반영할 수 있어야 한다. CSF_{Critical Success Factor}는 성공적인 성과 수행을 위해 핵심적으로 고려되어야 하는 요인이다. 프로세스 수준을 진단하기 위한 질문은 개별적인 질문이 어떠한 CSF와 연계성이 있는가를 식별할 수 있도록 구분해야 한다. 다시 말해 프로세스가 적절하게 수행되는지 진단하기 위해서는 많은 진단 항목들이 필요하지만 CSF의 설정을 통해서 반드시 진단해야 할 항목들만 선택적으로 설계하고 적용하도록 해야 한다는 것이다.

자원 진단 카드는 핵심 자원인 인력 및 조직에 대한 수준 진단 시, 해당 실행 모형별 리딩 프랙티스에 대한 근접도를 반영해야 한다. 그리고 자원에 대한 모범 사례는 해낭 실행 모형에 핵심적인 것으로 한정해야 한다. 기업 전반적인 관점에서 필요한 인력과 조직이 포함돼서는 안 된다는 것이다. 예를 들면 IT의 경우 실행 모형을 뒷받침하는 중요 자원임에는 틀림없지만, 개별적인 실행 모형 차원으로 진단할 경우 IT 전략·IT 관리·IT 인프라 등 기업 전반에 영향을 미치는 요소들을 고려하지 못할 가능성이 있으므로 가능한 한 별도의 실행 모형을 두어 통합적으로 진단하는 것이 좋다.

위와 같은 진단과 평가는 기업 성장과 구성원의 능력 향상을 위해 반드시 필요한 것이지만 그 과정과 실행은 단순하면 단순할수록 좋다. 단순화單純化, Simplify는 쉽게 인식하고 크게[全體·均衡] 바라보며 중심 즉, 핵을 파악하는 것이다. 그런데 과정이 복잡하고 단계가 많아지다 보면 원리적 접근이 어려워진다. 수준 진단 체계나 평가 체계만 단순화할 것이 아니라, 조직 전반적인 체계도 납작Flat하고 홀쭉Slim해져야 한다. 물론 직위·직급과 직책도 단순화해서 분리 운영해야 한다. 그것은 다시 보상 체계나 급여 체계의 단순화로도 이어지기 때문이다.

단순화는 필요한 과정과 프로세스를 없애는 것이 아니라 불필요하고 복잡한 프로세스를 줄이고 간결하게 하는 것이다. 예를 들면 업무 처리 비용을 줄이고 소요 시간Man Hour을 줄이는 것이다. 그렇게 단순화하다 보면 경영 효율은 증진되고 RTE 시스템은 예상보다 쉽게 구축된다. 설령 그 과정에서 시행착오를 겪더라도 치러야 할 비용은 적어진다. 장기적으로 볼 때 비용에 비해 이득이 훨씬 커진다는 장점도 있다. 하지만 창업자이자 경영자인 경우, 창업 초기부터 이어 오던 그들만의 시스템을 과감히 단시간에 바꿀 확률은 그리 높지는 않다. 지금까지 별문제 없이 잘해 왔고, 새로운 시도로 인해 위험 부담이 따른다는 게 이유지만 그야말로 잘한다는 것이 무엇이고 정말 위험한 것이 무엇인지 제대로 직시하지 못하는 경우가 아닐 수 없다.

시스템경영은 처음부터 구조·보상·업무 프로세스·진단·평가 등 조직 전반에 체계적인 단순화가 깔릴 때, 시스템다운 면모를 발휘하게 되는 것이다. 그것이 시스템의 최대 장점이자 최고 매력이다.

☞ If you cannot love the person whom you see, how can you love God, whom we cannot see?
- Mother Teresa -
당신이 보이는 사람들도 사랑하지 못 한다면, 보이지 않는 주님을 어떻게 사랑하겠습니까?

21 평정척도법Rating Scale은 사전에 마련된 척도Scale를 근거로 하여 평가자가 체크할 수 있도록 하는 방식의 평가법으로 전형적인 인사고과 방식이다. 최근에는 각 스케일별 구체적인 성과수준을 제시하는 방식으로 발전되고 있다.

서술식 평가법Essay Method은 피평가자의 성과에 대해 논술 형태로 기술하는 방식으로, 행동이나 목표 달성 정도를 구체적으로 이미지화하여 평가할 때 주로 사용된다.

혁신 과제 도출과
중요도를 결정하라

기업은 조직의 비전과 구성원의 꿈을 이루기 위해 끊임없이 성장과 변신을 통해 생명력을 유지하고 가치를 창조하는 유기체다. 또한 경제적 기반을 제공하는 사회가 변화함에 따라 함께 변화해야 하는 운명공동체다. 그래야 생존과 성장을 보장받을 수 있고, 사회 역시 기업의 가치 창조 기능을 통해 안정과 발전을 도모해 나갈 수 있게 된다.

기업경영의 성공 여부는 기업 외부의 환경 요인과 기업 내부의 지원 및 능력 간의 동태적 정합 관계에 달려 있다. 그래서 기업을 둘러싸고 있는 외부환경 요인에 적응하려는 노력을 '전략적 차원의 노력'이라고 한다면, 전략의 변화에 따른 내부적 정렬과 합리화는 '관리적 차원의 노력'이라고 할 수 있다. 이러한 적극적인 노력과 의도적인 변화 시도를 경영 혁신이라고 하며 그것은 다름 아닌 혁신 과제 도출로부터 비롯된다. 하지만 경영환경에 맞춰 전략 자체를 끊임없이 바꿔 나가는 과정이 쉽게 이루어지지는 않는다. 그 이유는 경영의 기본 요소가 변화에 저항하며 현상을 유지하려는 성향을 띠고 있기 때문이다. 성공에 기여했던 요소들이 조직 내부에 타성으로 굳어져 이후의 변화에 오히려 걸림돌로 나타나는 경우도 있다.

혁신 과제 도출은 경영의 목적을 달성하기 위해 기존에 하고 있던 일과 관행을 새로운 생각이나 방법으로 다시 계획하고 실행하며 평가하는 것이다. 다시 말하면 새로운 것을 시도하는 도전 정신의 발현 과정인 것이다. 그렇게 도출된 과제를 해결하고 개선하고 발전시키는 일은 시스템은 물론 조직 구성까지도 획기적으로 변화시키려는 계획과 프로그램 실행의 직전 단계라고 할 수 있다.

수준 진단의 목적 역시 그러한 혁신 과제의 도출로부터 형성된다. 수준 진단의 궁극적인 목표는 지속적인 고성과 창출이지만 그 과정에서 반드시 해결해야 할 것은 혁신 과제를 도출하고 그것의 중요도를 결정하는 일이다. 우선 조직 구성원의 능력 수준을 진단·평가하고, 그 결과에 따라 성과·프로세스·자원 부분의 개선 요구사항이 파악되면, 현행 수준과 목표 수준을 비교·분석해야 한다.

현재의 수준이나 달성 목표와 관련해 개선 요구사항들의 혁신 과제를 도출하게 되는 것이다. 그렇게 도출된 혁신 과제를 성공적으로 수행하기 위해서는 몰입도 및 동기 확보를 위한 별도의 교육 프로그램이 수반되어야 한다.

수준 진단 결과 ➡ 혁신 과제 도출 ➡ 중요도와 실행도를 기준으로 우선순위를 설정하는 것인데, 두 번째 단계인 혁신 과제 도출은 중요도와 실행도를 측정하는 우선순위 평가 결과에 따라 우선 과제❶·선택 과제❷·추후 시행 과제❸로 분류될 수 있다.

우선 과제는 과제 수행에 대한 경영진의 높은 관심과 시급성이 요구된다. 물론 과제 수행에 소요되는 시간과 비용 대비 과제 활용의 중요도도 큰 비중을 차지한다.

선택 과제는 경영진의 관심과 시급성이 다소 떨어지고 소요되는 시간 및 비용 대비 과제 활용의 중요도도 경영 측면에서 볼 때 비중을 많이 차지하지 않는 특징이 있다. 말 그대로 선택적으로 수행되어야 할 과제를 가리킨다.

추후 시행 과제는 앞선 두 가지 경우보다 관심과 비중 면에서 현저히 낮은 수준으로, 추후에 선택적으로 수행해도 무방한 과제를 말한다.

로드맵이 미래다

　　우리는 어디론가 목적지를 향해 갈 때 머릿속에 지도를 그린다. 간단하게는 버스를 타야 할지 전철을 타야 할지와 같은 교통수단의 선택부터, 복잡하게는 교통수단의 구간이나 갈아타야 할 지점 및 목적지 주소 등을 미리 계획해 두는 것이다. 멀리 여행을 갈 때는 이런 과정이 좀 더 치밀해진다. 한 번도 가 보지 않은 미지의 장소라면 두말할 것도 없다. 목적지에 도착하기 위해 지도는 반드시 챙겨야 할 필수품이기 때문이다. 모르는 장소를 찾아가기 위해서도 그렇지만 시간을 절약하고 시행착오를 줄이기 위해서도 그렇다. 한

마디로 말해 지도는 목표를 안내하는 시간표이며 이정표다. 지도에 따라 계획하고 예상하는 것은 그렇게 앞으로 나갈 길과 목적지에 대한 동선動線과 시간을 동시에 측정하는 일이다.

기업이 체계적이고 효율적·효과적인 경영의 길로 나아갈 때도 어김없이 필요한 게 있다. 바로 지도다. 다시 말해 로드맵이다. 로드맵을 우리말로 번역하면 '지적知的 작업도'라고 할 수 있다. 어떠한 일을 추진하기에 앞서 세우는 계획이나 구상·전략 같은 것이다. 기업에 있어서 로드맵이 중요한 것은 우선 과제❶·선택 과제❷·추후 시행 과제❸를 분리하고, 이후 각 과제별로 우선순위❶·예상 소요 기간❷·평가 지표❸ 및 과제 수행 일정❹ 등을 종합적으로 기술할 수 있어서다. 따라서 로드맵은 혁신 과제를 수행해 나가는 실제적인 가이드라인이라고 보면 된다. 그러므로 로드맵은 미래 시장 예측에 따른 미래 수요를 충족시키기 위해 개발하고 개선해야 할 최선이라고 할 수 있다. 결국 로드맵은 시장 수요에 대한 요구로부터 필요한 기술을 도출해 내는 것이다. 과거의 기업 계획들이 단지 기술 개발이나 고객의 성향만을 파악했던 것과는 차원이 다르다. 예를 들면 지금 우리 기업이 보유하고 있는 기술력이 어떤 제품으로 만들어지고 그것이 고객으로 하여금 어떤 수요를 충족시키고 있는가 하는 문제를 고민하는 것이 아니라, 고객의 수요를 충족시키기 위해서는 어떤 제품이 필요하고 그것을 만들기 위해서는 어떤 기술이 요구되는가를 고민하는 것이다. 다시 말해 로드맵은 솔루션이 아니라 고객의 니즈에 의해 구상되고 전략화되고 추진되어야 한다는 것이다.

실제로 1980년 이후 매년 기업의 로드맵을 발표하고 그것을 실제적인 가이드라인으로 활용하면서 해마다 성장하고 있는 인텔 사는 컴퓨터 시장 활성화에 큰 몫을 차지해 왔다. 컴퓨터 시장의 세대교체를 주도할 수 있었던 것도 바로 로드맵 덕분이었다. 인텔 사가 그렇게 로드맵 실현에 성공할 수 있었던 것은 소비자의 기대치와 요구를 미리 수용하고, 제품 개발에 적극적으로 반영했기 때문이다.

로드맵을 세우는 것도 중요하지만 조직 구성원 모두가 그것을 잘 따르는 것이 더 중요하다. 큰 틀에서 보자면 기업의 계획이고 구상이지만, 자세히 들여다보면 그것은 결국 구성원이 수행해야 할 업무이기 때문이다.

구성원 모두 적극적으로 참여하는 로드맵이 되기 위해서는 그것에 반하는 구성원이나 팀에 대한 강제 조항을 늘리기 보다는, 모든 구성원이 호응할 수 있는 환경과 여건을 만들어 주는 것이 우선이다. 기업의 미래 청사진을 다 같이 공유하며 한마음이 되는 것은 로드맵 활성화에 커다란 기능적 역할을 하기 때문이다. 로드맵에 기능이 있다는 것은 바로 그러한 점을 두고 하는 말이다. 미국의 인텔 사가 자사의 로드맵을 예상대로 추진해 나가면서 경쟁사를 따돌렸던 것은 혁신 과제와 우선순위·평가 지표·수행 일정 등을 철두철미하게 따라갔던 구성원들이 있었기 때문이다. 그 결과 586 펜티엄 로드맵을 남들보다 한 발 앞서 내놓을 수 있었으며, 686인 'P6'를 발표할 수 있었다. 하지만 로드맵 설정이나 실현에 성공한 기업이라고 해서 그 모델을 무조건 따라하는 것은 위험한 일이다. 그것은 그 경로에 의존하려는 안일한 발상이기 때문이다. 그보다 더 위험한 것은 일단 로드맵의 경로가 정해져 익숙해지고 나면, 새로운 경로로 바꾸려고 하지 않는 항상성이다. 오죽하면 그런 현상을 '고착효과'라고 부르겠는가! 그렇게 타성에 젖은 로드맵에 적응되어 있거나 타 기업의 경로에 의존하며 안일하게 대처하다가는 얼마 못가 경쟁기업의 도전장을 받게 된다.

로드맵은 기업환경이 치열하면 치열할수록, 급변하면 급변할수록, 불확실하면 불확실할수록 그만큼 다양하고 변화무쌍해진다. 새 술은 새 부대에 담아야 한다는 이치가 가장 빨리 적용되는 것도 바로 로드맵이다. '로드맵이 곧 미래'라는 사실을 망각하는 순간 위험하고 불안한 기업으로 전락하게 된다는 것이다. 현명하고 실력 있는 등반가는 결코 높고 험한 산을 탓하지 않는다. 대신 그 산에 맞는 등반 법을 연구한다. 그것이 성공하는 등반가의 로드맵이기 때문이다.

☞ 토끼형과 거북형

토끼는 상대를 보지만, 거북은 목표를 본다.

거북은 발걸음은 느리지만, 시선은 앞의 목표에 맞춰져 있다. 집중의 눈길이다.

발걸음과 시선 · 목표가 한 방향으로 일치해 그는 안정돼 있다.

반면 토끼의 시선은 주변의 경쟁자를 향해 있다. 앞으로 뛰긴 하는데 두리번거린다. 경쟁자 보다 앞섰다 해도 토끼의 마음은 조급하다. 시선과 발길이 어긋나 있고 눈을 멀리 둘 목표가 없다. 목표 없는 생활은 흔들리고 추월의 불안이 그를 엄습한다.

거북형 인간성은 승자 독식의 정글법칙이 지배하는 사회일수록 빛이 난다.

모든 사람이 승자가 될 수 없다. 소수의 승자든 다수의 패자든 거북형 인간성이 그에게 행복감을 줄 것이다. 토끼형 인간은 이겨도 불행하다.

거북형 인간은 져도 앞날을 기약한다. 거북형 인간성은 시간의 위대한 생산성을 깨닫는 데서 계발된다. 시간은 그 자체로 독자적인 가치다.

시간을 투자해 돈을 벌거나 품질(Quality) 좋은 상품을 만들 순 있다.

하지만 역으로 돈이나 품질 좋은 상품으로 시간을 얻긴 어렵다.

시간과 돈과 품질의 3각 가치 관리란 개념이 있다.

세 개의 가치를 동시에 만족할 수 없으며, 최소한 하나는 포기해야 한다는 것이다.

한 개인의 차원에서 세 개 중 가장 탄력성 있는 가치는 시간일 것이다. 비용은 제한돼 있고 품질도 임의로 낮추기 어렵다면 시간을 바칠 수밖에 없다. 오랜 준비, 절차의 이행, 끈질긴 전진…. 이런 것들이 시간을 바치는 태도다. 저비용 · 고품질 산출물을 짧은 시간에 만들어 낸다는 속도의 신화는 깨졌다. 시간을 바치지 않은 대가는 크다. 시간 앞에 겸손해야 한다.

거기서 거북형 인간성이 싹튼다. 지나친 경쟁이 토끼형 인간성을 부추기는 시대다.

9

에필로그

우리 기업이
풀어야 할 과제

그간 우리 기업들은 거시적인 시각에서 보면 여러 가지 어렵고 힘든 우여곡절을 겪으면서도 눈부시게 성장·발전하는 국민 경제와 더불어 너 나 없이 끊임없는 경영 혁신과 경쟁력 강화로 그나마 전례 없는 높은 성과를 창출해 왔다.

하지만 요즈음에 이르러 주위 모든 것이 변화무쌍하게 바뀌면서 글로벌화되고 경쟁환경 또한 격심해지고 있어 이제는 더 이상 계속 기업으로 연명해 나가는 것 자체가 만만치 않은 절박한 실정이다. 이러한 상황에서 우리 기업들이 반드시 성공적으로 꼭 해결하지 않으면 안 되는 어려운 숙제를 안고 있으니 '지속가능경영'과 '구성원의 최고 복지' 실현이 바로 그것이다.

그 하나는 '이만하면 됐다'는 안일한 생각에 젖지 않고, 경영환경의 급격한 변화와 기업의 소유 구조·지배 구조의 변동 등 다양한 사회·경제적 변화에도 관계 없이, 시대 정신에 맞는 과감한 경영 혁신과 경쟁력 강화로 고성과를 창출해 나가는 한편, 남들보다 한발 앞선 변신·성장으로 한 단계 더 진화·발전을 이룩하여, 회사가 '지속가능경영을 실현하는 일'이요, 그 둘은 기업의 가장 중요한 구성 요소며 운영 주체인 '구성원의 최고 복지를 실현하는 일'이다.

▶▶▶ 지속가능경영Sustainability 실현

일찍이 찰스 다윈Charles Darwin은 1859년 그의 저서 『종의 기원Origin of Species』에서 동물 세계의 '자연선택'이라는 진화 과정을 설명하면서, 경쟁력이 가장 좋은 종種은 머리가 좋거나 힘이 센 것이 아니라 변화에 잘 대응할 수 있는 종이라는 이야기로, 환경 변화에 적응한 생물은 살아남고 그렇지 못한 생물은 멸종한다는 적자생존適者生存의 주장을 펼친 바 있다.

더구나 오늘날의 변화는 단순한 환경의 변화라기보다는 삶의 기본 구조와 질서를 바꾸는 구조적이면서도 전면적인 변화다. 이러한 혁신적인 변화환경 속에서 기업이 망하지 않고 지속가능경영을 실현하고 나아가 초일류 기업으로 성장·발전하려면, 우선 '사람과 시스템'을 중심으로 경영의 기초를 튼튼히 해야 한다. 그리하여 구성원과 시스템의 유연성과 탄력성을 강화함으로써, 환경 변화에 대응하는 시의성時宜性과 적합성適合性을 높여 나가야 한다. 동시에 경영의 기본인 '운영 메커니즘'을 성과주의로 효율화하여 구성원과 시스템의 전문성과 차별성을 강화하고 조직의 창의력과 핵심역량을 증진해 나감으로써, 리더의 수월성이 마음껏 발휘되도록 해야 한다. 그렇게 해야 환경 변화에 능동적·성공적으로 대응해 나갈 수 있게 되는 것이다.

기업경영에서 중요한 것은 '효율과 스피드'다. 그보다 더 중요한 것은 방향성 즉, '비전과 전략'이다. 왜냐하면 방향이 잘못돼 길을 잘못 들어서면 아무리 '효율과 스피드'가 높더라도 영원히 목적지에 도달할 수 없기 때문이다. 경영의 방향인 비전 및 전략과 연계된 도전적인 목표stretched goal를 설정하고, 실행 과정을 실시간real time으로 점검·지원하며, 성과를 객관적으로 측정하려면 운영 메커니즘을 성과주의로 확실하게 효율화해야 한다. 이처럼 비전 및 전략과 연계된 전략적 성과관리가 중요한 것은, 전략의 실패를 전술이나 전투의 성공으로 만회할 수 없기 때문이다. 이러한 전략적 성과관리를 제대로 하려면 먼저 구성원의 가슴을 뛰게 하는 비전 및 전략의 수립이 전제되어야 한다. 그리고 전략적 성과관리를 통해 이루어진 경영 성과를 올바로 측정·평가하기 위해서는, 관련 당사자가 미리 준비할 수 있고 승복 가능하도록 '예측 가능한 평가'를 실시해야 한다. 아울러 평가 결과의 보상 반영은 분배 정의를 제대로 실현할 수 있도록 역량과 성과에 대한 엄정한 차별화를 통해, 개인 및 부서 간의 치열한 내부 경쟁과 집단의 공생적共生的 경쟁을 아울러 강화하는 방향으로 파격적으로 실시해야 한다.

이와 같이 시스템경영STM을 올바르게 실현함으로써 경영의 자율성을 제고하고, 강한 주인의식과 일에 대한 뜨거운 열정을 고취하여 구성원의 성취 동기를 진작振作시키고, 야심찬 비전으로 구성원의 가슴을 설레게 함으로써 구성원 전원이 참여하는 '고효율의 자율경영'이 가능해지게 되는 것이다. 그리하여 운영에 관련된 일상적 일은 시스템과 실무진에 맡기고, 경영층은 미래 지향적인 전략경영과 예외관리에 경영력을 집중하게 됨으로써, 지속적으로 고성과가 창출되어 지속가능경영이 자연스럽게 실현되는 것이다.

▶▶▶ 구성원의 최고 복지the best EVP 실현

회사가 수익성·성장성·신뢰성이 떨어져서 쓰러지게 되면 종업원이 직장을 잃게 되어, 복지고 무엇이고 간에 아무 소용이 없게 된다. 그런 면에서 보면 회사에서 말하는 최고 복지는 구성원 모두가 급여를 받아 남부럽지 않은 생계를 유지할 수 있고, 재미있고 활기차게 일할 수 있고, 회사와 더불어 구성원 개개인도 함께 성장·발전할 수 있다는 가슴 벅찬 비전이 조직과 구성원 모두에게 있도록 하는 것 그것이 바로 최고 복지라고 이야기할 수 있다. 그리고 구성원 전원이 참여하는 시스템경영으로, 강한 주인의식과 일에 대한 뜨거운 열정을 가지고 고효율의 자율경영을 실현하여 지속적으로 고성과가 창출되도록 함으로써 회사가 초일류 기업으로 성장·발전하는 것 그것이 바로 회사에서 말하는 최고 복지의 필요충분 조건이라고 말할 수 있다. 그런 의미에서 모든 복리 후생 관련 정책 및 구체적인 실천 방안은 이러한 개념과 의의 및 필요충분 조건의 연장선상에서 반드시 검토되고 실행되어야 한다.

기업이 '사람'을 중시하고, 구성원을 재산 목록 1호로 삼아야 하는 것도 중요하지만, 그런 인재를 영입하기 위해 그들이 제공받고 싶어 하는 가치를 제안하는 것도 그에 못지않게 중요하다. 다시 말해 기업이 우수 인재를 확보·양성·유지·활용하려는 노력을 위한 체계적 개념인 종업원 가치 제안EVP, employee value proposition을 적극 수용해야 한다는 의미다. 종업원 가치 제안이란, 종업원이 느끼는 직무 만족감에서부터 보상·직무환경·브랜드 가치 등 모든 것을 포함하는 개념으로서, EVP는 종업원의 직무와 관련된 모든 기대를 조직이 그들에게 어떻게 충족시켜 줄 수 있는가를 설명하는 개념

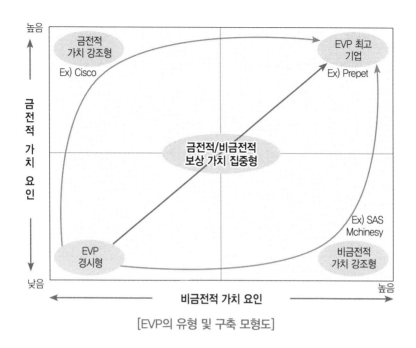

높음

금전적
가치
요인

낮음

금전적
가치 강조형
Ex) Cisco

EVP 최고
기업
Ex) Prepet

금전적/비금전적
보상 가치 집중형

Ex) SAS
Mchinesy

EVP
경시형

비금전적
가치 강조형

비금전적 가치 요인 → 높음

[EVP의 유형 및 구축 모형도]

이다. 경영환경 변화에 대한 기업의 반응은 보다 나은 고객 서비스를 통해 고객 만족을 극대화하려는 것이다. 이를 위해 기업 가치 증대의 핵심인 조직에 헌신하는 종업원의 만족이 먼저 이루어져야 된다는 인식 하에 회사에 필요한 우수 인재에게 파트너십을 제안하는 등 새로운 인사 정책과 전략 및 이에 대응하는 조치가 불가피하다. 그래서 종업원 만족이 고객 만족을 위한 선결 과제가 되는 것이다. 그리고 EVP는 노동시장에서 회사가 현재 및 미래의 종업원을 대상으로 제공하는 가치의 차별점을 의미한다. 우수 인재를 유인하고 유지하기 위해 제공하는 모든 가치의 집합이라고 정의할 수 있다.

그러므로 EVP는 우수 인재와 파트너십을 구축하기 위한 조치라는 데 의의가 있는 것이다. 그래서 기업은 치열하게 전개되는 인재 전쟁에서 확실하게 우위를 확보하기 위해 우수 인재가 경험하고 싶어 하고 제공받고 싶어 하는, 시장에서 차별화될 수 있는 금전적·비금전적 보상 가치를 포함한 분명한 종업원 가치를 제공해야 하는 것이다.

☞ 악성 베토벤을 죽인 의대생들

미국의 어느 의과대학에서 교수가 학생들을 불러 모아놓고 얘기하면서 물었다.

"옛날에 매독에 걸린 아버지와 폐결핵에 걸린 어머니가 살고 있었다. 그들 부부 사이에서 4명의 아이들이 태어났으나, 한 아이는 매독균에 의해 장님이 되었고, 또 한 아이는 폐결핵으로 고생 중이며, 한 아이 또한 매독균에 의해 귀머거리가 되었다. 그리고 한 아이는 부모의 병으로 잘 돌보지 못해 일찍 죽었다. 그런데 그 어머니가 또 아이를 임신했다면 너희들은 어떻게 하겠느냐?"

그러자 학생들은 입을 모아 한결같이 대답했다.

"당연히 유산시켜야 합니다. 부모님의 병으로 인해 형제들이 다 그 모양이고, 부모 또한 태어날 아이의 고통조차 생각지 않고 임신을 하다니 참 파렴치한 부모입니다."

교수는 학생들의 말을 듣고 있다가 이렇게 말했다.

"그대들은 악성 베토벤을 죽였다. 아버지는 매독이요, 어머니는 폐결핵이었던 악성 베토벤. 그도 나중에는 귀머거리가 되었지만, 그래도 많은 불후의 명작을 남긴 악성 베토벤은 이렇게 힘든 가정에서 태어났다."

교수는 잠시 침묵하다가 말을 이었다.

"이래 저래 생각하고 해결할 것이라면, 아예 해결할 생각을 말아라. 모든 생명은 소중하고 고귀하다. 그 점을 명심하여 현명한 판단으로 많은 사람들을 구하도록 해라"

시스템경영에서
가장 중요한 요소는 역시 사람

과거 고성장 시대에는 기업의 외형Turn Over이나 시장 점유율Market Share이 곧 경쟁력이라고 할 만큼, 기업의 외연적 모습과 유형 자산이 중시되었다. 하지만 요즘의 경영환경은 외형적인 것보다는 눈에 보이지 않는 브랜드나 운영 시스템 같은 무형자산이 새로운 경쟁 우위로 중시되고 있다. 그러므로 효율이 수반되지 않는 외연적 성장은 오히려 기업의 부실을 초래하여 퇴출의 위험성만 가중시킨다. 따라서 고효율을 통해 비교 우위의 경쟁력을 확보하고, 지속적으로 고성과를 창출할 수 있는 새로운 경영 패러다임이 요구되고 있다.

경영 성과를 이해하는 데 있어서 비전과 전략의 수립 전개와 전략적 성과관리가 중요한 요소이긴 하지만 이러한 성과주의경영만으로는 충분하지 않다. 성과주의경영이 작동하면서 기능을 제대로 발휘하기 위해서는 이를 지탱해 주는 '사람과 시스템'이 탄탄해야 한다. 설령 성과주의경영이 온전하게 운영되고 있다 하더라도 구성원의 신념·성실성·열정·책임감·주인의식 등이 뒷받침되지 않으면 현실적으로 우수한 성과를 달성하는 데 한계가 있다. 그러나 아무리 신념과 성실성으로 무장된 우수 인재가 열정과 책임감 및 주인의식을 가지고 몸과 마음을 던져 일을 하더라도 정교한 시스템이 뒷받침되지 않는다면, 이들이 가진 역량을 충분히 발휘해 고성과를 창출하는 것 역시 한계가 있다. 결국 '사람'과 '시스템', 두 영역 모두 시스템경영을 확실하게 떠받치는 받침대이기 때문에 두 가지가 다 중시되어야 한다. 그래서 '우수한 사람과 정교한 시스템'이야말로 시스템경영을 근본적으로 성립 가능케 하는 기초요 기본이라고 할 수 있는 것이다.

그럼에도 불구하고 시스템경영에서 가장 중요한 요소는 역시 '사람'이다. 우수 인재를 뽑는 것도 사람이고, 조직을 효율적으로 운영하는 것도 사람이며, 진취적인 기업 문화를 형성하는 것도 사람이고, 정교한 시스템을 구축하는 것도 사람이다. 기업은 우수 인재를 최대한 확보하고 체계적으로 양성해 인재층을 탄탄하게 함으로써 조직의 핵심역량을 극대화할 수 있고, 이들을 효과적으로 유지·활용함으로써 성과 극대화를 꾀할 수 있다. 우수한 구성원들이야말로 미래의 수익 원천을 고안하고 창출해 낼 수 있는, 보석과 같은 귀중한 존재이기 때문이다.

　이러한 인재관리는 구성원과 조직 간의 관계에서 발생하는 조직 행위OB, organizational behavior, 조직 운영 및 인적자원관리HRM를 포괄하는 것으로, 인적 자본 성과Human Capital Performance에 초점을 맞추는 것이다. 정교한 시스템이 열정에 찬 우수 인재들에 의해 공유되고, 업무 수행의 기본 바탕으로 수용되어 실시간으로 활기차게 실행된다면 설령 그들이 조직을 떠나는 경우가 발생하더라도 시스템경영은 그대로 유지된다. 조직 내에 체화돼 있는 역량이 훼손되지 않고 조직의 가치나 신념 체계로 이어져 발현되기 때문이다. 그렇게 조직과 제도 및 업무 처리 절차를 비롯한 모든 경영관리 과정을 가장 효율적·효과적으로 제어하기 위한 '공통의 기준과 프로세스'를 설계하고 운영하려면 유연성과 탄력성을 확보하고 유지할 수 있어야 한다. 다시 말하자면 '시스템을 위한 시스템적 사고'가 구성원의 뼛속까지 깊이 배어 있어야 한다는 것이다.

창의력과 상상력이 관건인
'비즈니스 3.0 시대'

1911년 과학적 관리법을 제창한 프레데릭 테일러의 '테일러리즘' 과 1913년 헨리 포드가 확립한 컨베이어 시스템으로 상징되는 '포디즘'을 기반으로, 현대식 대량 생산 체제가 문을 열었다. 이른바 '분업과 표준'의 '비즈니스 1.0 시대'❶였다. 그리고 1970년대부터는 피터 드러커와 마이클 포터 등 경영학의 대가들이 주창한 전략과 혁신경영의 바람이 본격적으로 불어닥쳤다. '진보와 혁신'의 '비즈니스 2.0 시대'❷가 시작된 것이었다. 이 때는 리엔지리어링·벤치마킹·다운사이징·6시그마 등 다양한 기법들이 쏟아져 나온 경영의 르네상스기였으며, 혁신의 전도사 잭 웰치가 이끈 GE와 변혁적 리더로 불리던 앤디 글러브의 인텔이 선두 주자 역할을 하던 시기다. 하지만 세상을 놀라게 하던 변화와 혁신도 시간이 지나면서 새로운 사조思潮에 밀려나게 됐다. '분업과 표준'이 '진보와 혁신'에 밀렸듯, 또 그렇게 '진보와 혁신'도 '창의와 상상력'에 자리를 내 주게 된 것이다.

'창의와 상상력'을 바탕으로 새로운 사업 기회를 만드는 '비즈니스 3.0 시대'❸는 구글과 애플이 개막을 알렸다. 경쟁이 아니라 초경쟁이 화두가 되었고 그것은 바로 독점 가치와 직결되었다. 이즈음 공식처럼 여겨지던 과거 성공의 틀도 무의미해졌다. 그것대로 한다고 해도 발전과 성장이 보장되지 않는다. 새로워지는 것만으로는 부족하며, 거기에 누구도 예측할 수 없는 상상력을 접목시켜야 한다. 기업은 사업 분야와 사업 방식과 조직 문화에 혁명적인 변화가 시도되었고, 새로운 성장 방식을 찾기에 바빴다. 이른바 창조적 전환CT, creative transfomation이 모색된 것이다. 창조적 전환의 키워드는 '단절과 변이'다. 벤치마킹이나 확대 재생산 같은 마인드는 과감히 뛰어넘어 전혀 다른 개념의 '새 씨앗 뿌리기'를 시도하자는 움직임이 일었다. 신재생 에너지·바이오·빅 사이언스 등 미래의 유망 신산업을 발굴하는 한편 기존 사업에 숨어 있는 기회나 틈새를 찾아냈다. 발상의 전환을 통한 '과거의 틀 벗어나기'가 실천되기에 이른 것이다.

일례를 들면 일본의 아사히야마 동물원이 동물의 겉모습이 아닌

습성이나 행동을 관객에게 보여 주는 방식으로 새로운 가치를 창조했던 것이다. 1967년 아사히야마 동물원은 적자로 인해 예산조차 제대로 배정받지 못한 채, 폐원 위기에 몰려 있던 작은 시립 동물원이었다. 하지만 원장을 비롯한 10여 명의 직원들은 체념하지 않고, 동물마다 장점과 단점을 파악해 가며 어떤 환경이 필요한지를 연구하기 시작했다. 그리고 '행동 전시'라는 새로운 관람 방식을 도입해 동물원을 탈바꿈시켰다. 사자나 호랑이 등 맹수들이 좋아하는 환경을 조성하고 침팬지를 위해 스카이 브리지를 만드는가 하면 투명한 펭귄관 아래쪽에 통로를 개설해 펭귄이 상승·하강하고 헤엄치는 모습을 관람하도록 했던 것이다. 사육사들은 펭귄은 날지 못하는 새가 아니라, 생존을 위해 먹이가 풍부한 물속으로 내려와 얼마든지 새로운 환경에 적응할 수 있다는 사실을 알고 있었던 것이다. 이후 '아사히야마 동물원에서는 펭귄이 날아다닌다'는 소문과 함께 관객이 몰려들었고, 가장 크다는 우에노 동물원을 제치고 일본을 대표하는 기적의 동물원이 되었다. 펭귄이 날아다니는 모습을 관람객에게 보여 주자는 생각은 완벽한 발상의 전환이었고 고정관념을 깨는 반전이었다.

이와 같이 '비즈니스 3.0 시대'는 소비자가 상상하기 전에 먼저 상상하고, 소비자가 필요를 느끼기 전에 먼저 개발해야 한다는 공식을 만들어 갔다. 소비자들의 충족되지 않는 욕구를 누가 좀 더 빨리 파악하고, 제품과 서비스로 구현할 수 있느냐가 기업 경쟁력의 관건이 되었다. 획일성보다는 개별성이 부각되고 기술보다는 재미와 감성이 중시되었다. 그렇게 사업 분야도 바뀌었지만, 사업 방식도 달라졌다. 과거와 같은 '자체 완결주의'로는 변화에 대응하기 어려워졌기 때문이다. 이처럼 사업 분야와 사업 방식의 창조적 전환은 다양한 인재들을 끌어들여 얻어 낸 창의성을 경영 성과로 연결시킴으로써 이루어진다. 이때 중요한 것은 정보와 지식 그리고 기존 제품을 창조적으로 조합해 새로운 가치를 창출하려는 '조직 통합력'의 뒷받침이 요구된다는 것이다. 구글이 기존 지도(地圖) 서비스에 위성 사진과 맞춤형 정보 검색을 결합해 끊임없이 새로운 비즈니스를 개척하며 급성장했던 배경에는 협력을 강조하고 '다양성'을 조직적으로 관리하는 힘이 뒷받침되었다.

'비즈니스 3.0 시대'는 구글처럼 무한 경쟁 시대 속에서 생존할 수 있는 방법이 무엇인지를 구체적인 해법으로 제시해 나가는 경영체제가 요구된다. 이른바 '창조경영'이다. 창조경영은 기존의 경영 개념에서 탈피한 새로운 패러다임으로서, 21세기 산업 질서에 맞게 철저한 업무 중심 프로세스로 리엔지니어링한 것이다. 창조경영이 대두된 가장 큰 배경은 우리 사회가 산업사회에서 지식사회로 발전하면서 창의력과 상상력을 절대적으로 필요로 하기 때문이다. 그뿐 아니라 규격화되고 표준화된 제품과 서비스 속에서 유일하게 부가가치를 높일 수 있는 방법은 상상력이 결합된 제품과 서비스의 창출이다. 또 한편으로는 기업이 점차 외국으로 많이 진출하게 되면서 글로벌화되고 다양해진 경영환경을 관리해야 하는 상황도 창조 경영의 필요성을 부추기는 이유 중 하나다. 말하자면 관리의 다양 성이 부각되면서 새로운 경영 패러다임인 창조경영이 절실히 요구 되는 것이다. 창조경영의 특징은 조직 구성원에게 권한과 책임을 과감하게 위양하고 형식과 절차 및·명분과 관행에 얽매이는 통제 지향적 관리 방식에서 탈피해, 스스로를 창조하는 실험 정신을 자 극하는 것이다.

이를 실현하기 위한 키워드는 창의력과 상상력과 리더십 그리고 고객 만족을 최대의 목표로 삼는 것이다. 그중에서도 고객 만족은 '비즈니스 3.0 시대'의 가장 큰 화두로 부상했다. 너도 나도 고객 만 족을 기업 최대의 목표로 세운 데에는 그만한 이유가 있다. 창의력 과 상상력이 아무리 뛰어난 기업이라도 고객 만족을 이루지 못하면 그 가치를 상실하기 때문이다.

따지고 보면 기업의 성공 법칙은 아주 간단하다. 어떤 기업이든 제품이나 서비스 창출에 들인 비용보다 더 많은 수익을 올려야 하 고, 그 수익보다는 고객 만족도가 더 높아야 한다는 원칙에만 부 합하면 되는 것이다. 따라서 기업이 생존하기 위해서는 고객 만족 도 > 수익 > 비용이라는 부등식이 성립해야 한다. 고객 만족도를 최고의 가치로 삼아야 하는 이유는 그래야만 그 기업에 대한 제품 이나 서비스에 대한 지속적인 수요가 일어나기 때문이다. 창조경 영은 이처럼 고객 중심적 사고와 마인드를 가지고 고객의 입장에서 고객의 눈으로 제품과 서비스를 바라보고, 고객의 기대치를 훨씬 뛰어넘는 가치를 창조하며, 수익을 가져오게 하는 경영 방식이다.

'비즈니스 3.0 시대'에 접어들어 창조경영은 이제 선택 사항이 아니라 필수 사항이 되고 있다. 지금까지의 기업경영이 '생산성 중심'이라면 이제부터는 '가치 창출 중심'이 되어야 한다. 그러기 위해서는 무엇보다 '창의성이 향상되고 상상력이 풍부한 아이디어'가 넘쳐 나야 한다. 그것이 기업이 창의적인 인재를 한 사람이라도 더 끌어오려고 노력하는 이유이기도 하다. 창의적인 인재의 정의는 통상적이고 일괄적인 고정관념에서 탈피한 사람, 낯선 일에 도전하면서도 실패에 대한 두려움 없이 역할을 충실히 해 내는 사람, 자신의 업무가 아닌 분야에도 호기심과 열정이 강한 사람이다. 하지만 모든 기업이 이러한 창의적인 인재로만 구성되어 있는 것은 아니다. 그렇다면 어떻게 조직 구성원을 창의적인 인재로 재구성할 수 있을 것인가?

창의력을 향상시키기 위해서는 접근 방법을 종전과는 조금 달리할 필요가 있다. 왜냐하면 아무리 '창의적인 인재'가 많다고 하더라도 그것이 곧 '창의적인 조직'을 의미하는 것은 아니기 때문이다. 애초부터 창의적인 발상을 하고 있는 구성원이라면 더할 나위 없이 좋겠지만, 그렇지 않은 구성원도 얼마든지 그렇게 될 수 있도록 자극을 주고 이끌어주어야 한다는 것이다. 그것이 가능하도록 하는 것이 바로 '시스템과 시스템적 사고에 의한 가치 판단'이라는 것이다. 그러므로 조직의 리더는 끊임없이 시스템을 업그레이드해 나가면서 이렇게 업그레이드된 '시스템과 시스템적 사고에 의한 가치 판단'을 바탕으로 하여, 다른 생각이나 의견을 가진 구성원에 대해서도 귀를 기울이고 때로는 긍정적으로 받아들이며, 그것이 창의적인 발상인지 아닌지를 판단하고 구분할 줄 알아야 한다. 경영 관행이나 기업 문화 역시 각기 다른 구성원의 다양성을 수용할 수 있는 창의적인 분위기로 가꾸어 가도록 해야 한다. 하지만 대부분의 기업은 기존의 고정관념에 익숙해져 있고 획일화된 반응에 길들여져 있기 때문에 아직도 소수 의견이 무시되거나 묵살당하는 분위기가 널리 퍼져 있다. 이러한 조직 풍토로는 개인의 창의성을 자극하거나 발굴·양성하기가 매우 어렵다. 하지만 강한 열망과 의지로 변화와 혁신에 매진하는 기업이 차츰 늘어나면서 이에 성공하는 사례도 늘어나고 있음은 다행스런 일이다.

기업이 얼마나 많은 이윤을 올리고 높은 성과를 창출하느냐도 중요하지만 그보다는 어떻게 하면 빠르게 변화하는 환경에 제대로 적응하고 어려움을 헤쳐 나가, 불멸의 지속가능경영을 실현하느냐가 이제는 기업 최대의 관심이자 목적이다. 그 이유는 이윤 창출이 곧 성과 극대화로 연결되고, 성과 극대화가 곧 지속가능경영의 핵심이기 때문이다. 따라서 이제 모든 기업은 지속가능경영을 실현하기 위한 구체적인 수단과 방법을 모색하고, 이를 확실하고 정교하게 업그레이드해 나가는 데 온갖 노력을 다 기울여야 한다. 이런 모든 것에 대한 해결책이 바로 '시스템과 시스템적 사고'를 바탕으로 하는 자율경영이요, 성과주의경영이요, 책임경영이요, 창조경영이다.

이를 총칭하여 시스템경영이라고 일컬을 수 있으므로 말하자면 시스템과 시스템적 사고, 그것이 모든 것의 답solution인 셈이다.

☞ 과학 혁명의 구조

패러다임의 변화

가난뱅이가 있다고 치자. 이 가난뱅이가 보는 세상과 부자가 보는 세상은 다르다. 부자나 가난뱅이나 같은 시대, 같은 세상을 살고 있지만 이들이 이해하는 세상은 판이하게 다르다. 가난뱅이의 패러다임과 부자의 패러다임이 다르기 때문이다.

가난뱅이가 어느 날 부자가 됐다고 치자. 가난뱅이의 세상 보는 눈은 분명히 달라진다. 패러다임이 전환Paradigm Shift됐기 때문이다. 즉, 세상이 바뀐 게 아니라 가난뱅이의 관점이 바뀐 것이다.

이처럼 패러다임에 따라 세상은 전혀 다른 모습이 된다. 사랑에 빠지면 세상이 달라 보이는 것도 패러다임이 전환됐기 때문이다. 사랑이 한 개인에게 혁명적 변화를 가져다준 것이다.

패러다임 이론을 세상에 처음 공표한 책이 바로 토마스 쿤이 쓴 『과학혁명의 구조The Structure of Scientific Revolutions』다. 20세기가 끝나갈 무렵 국내외 언론들과 학회들은 저마다 '20세기 명저'를 선정해 발표했다. 거론된 수많은 명저 중 가장 많이 추천된 책은 단연 『과학혁명의 구조』였다.

이 책은 굳이 따지자면 과학 서적이다. 그럼에도 불구하고 오히려 인문·사회·문학·예술·경제 분야의 전문가들이 이 책을 더 많이 추천했다. 그만큼 이 책이 현대사회에 끼친 영향은 크다.

천재 과학자 토마스 쿤은 과학의 발전 양상에 대한 연구를 거듭하면서 새로운 사실을 깨닫는다. 과학의 발전은 축적된 만큼 지속적으로 변하기보다는 특별한 계기를

통해 혁명적으로 변하는 경우가 더 많다는 사실을 찾아낸 것이다. 과학 발전은 시간
이 지남에 따라 차곡차곡 쌓인 지식들이 축적되어 이루어지는 것이라는 게 20세기
중반까지의 지배이론이었다.

그러나 쿤은 과학이 지속적으로 발전하는 것이 아니라, 어떤 순간 격렬한 변화를 가
져오는 혁명에 의해 발전한다고 생각했다. 기존의 정치제도가, 파생되는 문제를 해결
할 수 없는 한계에 부딪혔을 때 혁명이 일어나듯, 자연과학에서도 혁명이 일어난다
고 본 것이다. 혁명은 곧 패러다임 교체를 의미한다.

코페르니쿠스의 지동설·다윈의 진화론·아인슈타인의 상대성 이론 등이 패러다임
자체를 변화시킨 과학혁명들이다. 혁명이 일어나면 혁명을 일으킨 과학자들뿐 아니
라 모든 과학자가 완전히 새로운 눈으로 세상을 바라보게 된다. 혁명 이후의 시각으
로 세상을 보고 연구하는 것이다. 과거는 전면 부정된다. 혁명을 통해 패러다임이 바
뀌면 이론은 물론 장비나 세계관도 바뀐다.

바뀐 세계관은 과학뿐만 아니라 인간사회의 모든 부분에 영향을 준다. 엄정한 관찰
과 실험을 통해 진리에 도달할 수 있다는 귀납적 방법론에 일격을 가한 이 책이 처
음 출간됐을 때 세상은 경악했다. 완고한 과학계에서는 격렬한 비판을 해댔다. 과학
자들은 쿤의 책이 다른 모든 학문 분야와는 다른 특별한 자리를 차지하고 있던 과학
의 위치를 격하시켰다고 생각했던 것이다.

반면 비과학 분야에서는 갈채가 쏟아졌다. 전 세계 16개 언어로 번역돼 100만 부 이
상 팔렸다. 과학서적이면서도 이처럼 많이 팔릴 수 있었던 것은 이 책이 과학과 상관
없는 타 분야 사람들에게 얼마나 큰 영향을 주었는지를 잘 보여 준다. 이 책은 국내
에서도 여러 대학 출판부에서 출간돼 팔렸다. 1999년부터는 정식 저작권 계약을 체
결한 출판사에서 나오고 있다.

쿤의 패러다임 이론은 과학적 합리주의 이론과 정면으로 배치된다. 이 때문에 쿤
은 책을 낸 후 말년까지 칼 포퍼로 대변되는 논리 실증론자들과 긴 논쟁 속에 살아
야 했다. '과학 혁명의 구조'가 수많은 공격에 시달리는 동안 세상은 이미 그의 이론
을 받아들였고, 철학자와 사회비평가들은 '패러다임'이라는 말을 흔하게 쓰게 됐다.

토마스 쿤

토마스 쿤은 1922년 미국 오하이오 주 신시내티에서 태어났다. 어린 시절부터 과학을 좋아했던 그는 하버드대학교 물리학과에 진학했고, 1943년 수석으로 졸업했다. 졸업 후 당시 대부분의 물리학 수재들이 그랬듯 무기 연구기관인 '과학연구 및 개발연구소'에서 일했다. 제2차 대전이 끝나고 다시 모교인 하버드 대학원으로 돌아온 쿤은 본격적으로 이론 물리학을 연구하기 시작했다. 이론 물리학을 공부하던 중 하버드대 총장이었던 제임스 코넌트에게 영향을 받아 과학사에 흥미를 느꼈고, 이때부터 개인적으로 심리학·언어학·사회학·철학 등을 섭렵했다. 1950년대부터 쿤은 스탠퍼드 행동과학연구소에서 창안한 패러다임 개념을 자기 이론에 결합하기 시작했다. 그의 교단생활은 과학자라기보다는 역사학자나 철학자에 가까웠다. 캘리포니아 버클리 대학에서 사학과 조교수, 프린스턴 대학에서 과학사 및 과학철학과 교수를 지냈으며, 이후 교단을 떠날 때까지 MIT에서 언어학 및 철학과 교수로 재직했다.

그의 저서는 많지 않다. 『과학혁명의 구조』 외에 『코페르니쿠스 혁명』 등 공저한 책이 몇 권 있을 뿐이다. 하지만 쿤의 책에 대한 다른 이들의 저술과 그의 이론을 연구하는 학회는 전 세계에 엄청나게 많다. 20세기 이후 현대사상사에 가장 큰 영향을 미친 토마스 쿤은 1996년 6월 폐암으로 세상을 떠났다.

☞ **한 우물과 '세렌디피티'**

윌 케이스 켈로그는 미국 미시간주의 작은 도시에서 병원의 잡역부로 25년여 동안 일하면서 소박하게 살았다. 환자들이 빵 속에 남아 있는 이스트 때문에 속이 불편하다고 호소하자, 이스트 없는 빵을 직접 만들겠다고 나섰다.

소화가 잘 되게 하려면, 삶은 밀을 최대한 얇게 눌러낼 수 있어야 했다. 실패를 거듭하던 어느 날, 밀을 삶아놓은 것을 깜빡 잊고 사흘 간 심부름을 다녀왔더니, 삶은 밀에 곰팡이가 피어있었다. 버리려고 하다가 연습 삼아 롤러에 집어넣어 밀어 보았다. 한번도 본 적 없는 얇은 박편들이 밀려 나왔다. 얇았지만 불에 살짝 구울 수 있을 정도였고, 입에 넣으면 잘 녹았다. 이스트의 부작용이 없고 소화도 잘되는 새로운 식품을 발견한 것이다. 우리 아침 식탁에도 자주 오르는 세계적인 히트상품 시리얼은 이렇게 탄생했다. 켈로그는 자신의 이름을 딴 회사를 1905년에 세웠다.

합성 고무의 발견도 아주 우연한 것이었다. 미국 화학자 찰스 굿이어는 열을 가(加)해도 금방 녹아 내리지 않고 차가워져도 쉬 부서지지 않는 고무를 만들겠다고 덤벼 들었다가 10년 세월을 허송하고 있었다. 1839년 어느 날, 그는 냄비에 황(黃)을 녹이다가 실수로, 생고무 위에 엎질렀다. 망친 실험재료들을 치우려던 찰나, 그는 가열된 황이 천연고무와 섞이면서 새로운 물질로 바뀌는 것을 보았다. 합성고무를 만드는 가황법(加黃法)을 실수로 발견한 순간이었다. 그가 만든 회사가 타이어로 유명한 굿이어다. 과학의 세계에서는 이렇게 열심히 노력하다 우연하게 새로운 물질이나 기술을 발견하는 일이 잦다. 이런 현상을 일컬어 '세렌디피티 (serendipity : 우연한 발견)'라고 한다. 기업경영에서도 '세렌디피티'가 적지 않다. 과학의 발견·발명과 다른 점은 고객을 꾸준히 관찰하는 과정에서 이런 발견이 얻어진다는 점이다.

☞ 지금 하십시오

할 일이 생각나거든, 지금 하십시오.

오늘 하늘은 맑지만, 내일은 구름이 보일지 모릅니다.

어제는 이미 당신의 것이 아니니, 지금 하십시오.

내일은 당신의 것이 안 될지도 모릅니다.

사랑하는 사람이 언제나 곁에 있지는 않습니다.

사랑의 말이 있다면, 지금 하십시오.

미소를 짓고 싶다면, 지금 웃어 주십시오.

당신의 친구가 떠나기 전에 장미가 피고 가슴이 설렐 때

지금 당신의 미소를 보여 주십시오.

불러야 할 노래가 있다면, 지금 부르십시오.

당신의 해가 저물면, 노래 부르기엔 너무나 늦습니다.

당신의 노래를 지금 부르십시오.　　　　　－ 19세기 영국 Charles Haddon Spurgeon